化解我们内心的冲突

The Anatomy of Peace

Resolving the Heart of Conflict

by THE ARBINGER INSTITUTE

[美] 亚宾泽协会 著

秦沛 译

九州出版社
JIUZHOUPRESS

赞 誉

我爱这本书。读完以后,我感到每天周围的环境似乎都截然不同了——书中的想法能被应用到生活的各个方面,无论是运动、事业还是家庭生活。我简直等不及要和其他人分享这本书和其中的观点。

——丹尼·安吉(Danny Ainge)

波士顿凯尔特人队执行董事

意义深远,但措辞简单,无论是对个人还是职业生活都是一部影响巨大的杰作。它就是下一个指导企业提升效率的主要杠杆。

——尼克·杰希特(Nick Jesset)

劳斯莱斯项目经理

这是一部精巧而重要的作品，展示了我们是如何拿自身的问题来责怪别人的。它温和地引导读者看向镜中的自己，即使这很艰难。

——斯科特·巴顿（Scott Barton）

第一资本金融公司高级副总裁

杰出……引人入胜……生动明晰……直击要害。所有管理人员、教师、咨询师和父母都应该读读这本书，把它应用到实践中。

——史蒂芬·维尔怀特（Steren C. Wheelwright）

哈佛商学院荣誉教授

本书讲述了一个关于矛盾调停的迷人故事，令人手不释卷。

——维克多·德·瓦尔（Victor De Waal）

坎特伯雷大教堂前主任牧师

书中隐藏的知识深刻而意义非凡，它诊断出了我们这个社会的病症——从个人的小规模的自我欺骗到整个文化的自我欺骗。

——罗姆·哈尔（Rom Harré）

牛津大学林纳克尔学院心理学教授，荣誉院士再多的溢美之词也无法形容这本书的伟大。有一次，一个运营着一座海军基地的承包商差点停工，但我运用书中的观点解决了组织上的纷争。我还曾用它们化解了员工心中的憎恨，让他们不至于向经理递交辞呈。在每个事例中，灾难最终都得以平息，人们愤怒的内心都走向了和平。如果这个世界可以读读这本书，采用其中的原则行事，那我的职业将变成历史。

—— 罗素·佩德格拉斯（Russell Pendergrass）

美国海军上校

我本人在寻求和平一事上深有感触，可以诚实地说，这本书意义非凡，十分重要，它革新了建立持续和平状态的策略。

—— 乌里·沙维尔（Uri Savir）

以色列外交部前部长

多年来，我一直用书中的观念来帮助青少年和他们的父母，可以说，它是一剂有力的灵魂针药。这些观念可以改变内心，治愈深重的伤口，让父母和孩子得以重聚。

—— 麦克·麦切特（Mike Merchant）

阿纳萨齐基金会主席首席执行官

一部强有力的作品，它对我的个人生活和职业生活都产生了巨大的影响。它指明了通向和平的道路，而且展示了要解决最让我们困扰的纷争不仅需要不同的行动，更需要不同的生存之道。更棒的是，它还告诉了你该如何走出这一步。我将会和大家分享这本书，并不断地向它寻求意见。

——劳拉·惠特沃兹（Laura Whitworth）

大游戏公司和指导培训研究所联合发起人

真是一本充满智慧和洞见的惊人之作……每个人，从我们的邻居到国家领袖，都应该读读这本书，按它的指导生活。

——肯特·默多克（*Kent Murdock*）

O. C. 泰纳公司董事长首席执行官

《化解我们内心的冲突》是那种难得一见的能够走进你的内心的书。在你还没意识到之前，你就已经和故事中的人物经历了同样的情感历程。准备好，你将同时被挑战、被感动、被号召成为那个你知道你应该成为的人。

——麦克·邦德兰特（*Mike Bundrant*）

《健康时报》发行人

大师之作，意蕴深远。我简直不能放下这本书。

——南·欧康纳（Nan O'connor），大师认证教练

完全是一部现象级的作品。引人入胜，令我哑口无言。对于那些正在寻求提高自己生活质量的人来说，《化解我们内心的冲突》简直是一座丰富的宝藏。

——穆拉利·易尔（Murali Iyer）

维普富力有限责任公司合伙人，蜘蛛逻辑公司合伙人

《化解我们内心的冲突》是一部动人且迷人的作品，通过影响每一个人，它最后可能会影响全球。它给我带来了一些崭新而深刻的想法——关于我自己，关于他人，关于我们正在面对的社会问题和世界问题。

——约翰·尼古拉斯（John Nichols）

残疾人资源组织有限公司董事长

这本书能为疲惫的人带来愉悦。它深入备受赞誉的行为理论，指出行为上的改变并不足够。这是一个简单的故事，心平气和，毫不傲慢，展现了我们这些普通人的潜力和力量。通过这本书，我感到内心获得了成长。这本书帮助人们不再带着恐

惧地去了解他们的邻人。而这大概就是最高的境界了。

—— 史蒂芬·普莱尔（Stephen Pryor）

格拉卜行为研究所（伦敦）副主席和前英国监狱长

这本书有潜力彻底改变我们的个人生活，甚至改变整个世界。

—— 本杰明·布雷希拉比（Rabbi Benjamin Blech）

叶史瓦大学犹太法典教授

一本深邃又富有洞见的书！它是一件有力的工具，能将个人带入全新的空间和维度，使人找到解决问题的办法，并将它应用到当今世界大多数人都在面对的问题中。

—— 维德拉·奈坡尔（Vindra Naipaul）

特立尼达和多巴哥 XTRA 食品公司首席执行官

阅读《化解我们内心的冲突》真是一次动人心魄的经历。这本书告诉了我们，能否走出纷争完全取决于自己的选择。掌控自己的命运太神奇了！这部杰作将帮助你在任何处境中找到和平。它改变了我看待生活的方式。

—— 莫琳·菲茨杰拉德（Maureen Fitzgerald）修女

科杰苏学院招生和学术主任

发人深省，扣人心弦！一旦开始读，你就再也放不下它了。故事很美，因为它无比真实。这本书并不说教，而是邀请读者共同体验深层的学习。我立刻就在角色身上看到了自己的影子，也学到了他们学到了的东西。谢谢你带给我的启迪！它让我心中充满了向往和平的激情，这种和平既是内部的也是外部的。

——艾斯·斯林（Ece Sirin）

土耳其蜜蜂咨询所联合发起人

清晰地展现了走向和平的解决方式，令人印象深刻。如果我们都能自愿实践书中的概念并把它们融入我们的生活中，世界将会多么不同。

——玛乔琳·辛斯（Marjolein Hins）

荷兰 Q 搜索总经理

震撼人心的阅读体验，鞭辟入里，揭示了我们个人的选择是如何预先决定了我们在各种人际关系中是走向战争还是走向和平的。

——汤姆·莱奥纳德（Tom Leonard）

伟士达国际公司组织主席

清晰生动地讲述了我们对自我开脱的强烈需要是如何影响

到种族、宗教和肤色问题，又是如何引起我们内部和外部的战争的。这绝对是一本必读书。

——伊沙克·宾·伊斯马尔（Ishak Bin Ismail）

新加坡 CWT 防务服务公司首席执行官

这本好书能让我们想起，幸福和平的生活的基础其实是人性和同理心。它揭示了一点，那就是当我们在家里和在工作场合中处理日常的人际关系时，我们的心其实可能处于开战状态。它激励我们带着如此的洞见去积极持久地进行改变。对于所有救助行业从业者和所有希望建立高效率小组的领导来说，这本书都应该被纳入他们的学习课程之中。

——珍妮特·桑德斯（Janet Saunders）

英国巴斯皇家联合医院护士长

这本书有着强大的力量。它不仅指出了问题，还为工作、家庭和社会中的挑战提供了清晰可行的解决方法。这本书给予人们力量，让阅读它的人都能改变自己的人生。

——斯图尔特·休斯（Stewart Hughes）

立新世纪国际公司首席执行官

《化解我们内心的冲突》一书真的具有改变一切的力量,十分震慑人心。通过教我们发自内心地去关心我们的同事,教我们每个人承担起创造强大企业的责任,亚宾泽协会卸下了我们在企业中进行领导的重担,而这最终也能让我们给予患者更多关爱。

——唐·色拉特(Don Serratt)

英国生命事业发起人首席执行官

读完书页上充满睿智的话语,我不禁好奇为什么我们要学数学来锻炼逻辑思考能力,学习语言来锻炼文化之间的交流能力,却一直错过真正的精华部分:我们从未学过完成社会行为的合适的方法!我觉得应该让学校和大学提供这种由亚宾泽协会设计的课程,用《化解我们内心的冲突》来训练政治家和政客,并且邀请亚宾泽来训练所有人,让他们明白他们能为世界和平的推进做出贡献!

——阿奈里斯·范·德·霍斯特(Annelies Van Der Horst)

荷兰马斯特里赫特大学平等项目,性别和多样化中心

采用这本书的中心思想才能绘出真正通向和平的道路。

——伊坦·本苏尔(Eytan Bentsur)

以色列外交部前部长

个人来说，我在书中看到了很多我自己是如何用错误的态度对待他人的例子，而且这种做法最终也让我错待了他们。而在全球层面上，我也能将书中教导的教训应用到我在 CNN 看到的各种国际争端上，它可以解决那些长久以来一直危害着整个社会的纷争。

——杰克·科维特（Jack Covert）

800CEO 读书网董事长和创始人

我很少读到能像这本书一样让我完全投入的书籍。它涵盖了各种话题，包括为人父母、管理员工、中东和平问题和自我实现，能在这样一本书中得到如此的阅读体验真是令人惊讶。

——乔·艾伦·格林·凯瑟（Jo Ellen Green Kaiser）

《齐克》杂志资深主编

《化解我们内心的冲突》文笔上佳，读起来十分流畅，而且还带着一种可以让人反思、催人行动的清晰。我毫不犹豫地就把它推荐给了所有对于找到解决冲突的方法感兴趣的人，这种冲突可以是个人的也可以是全球的。

——吉利德·舍尔（Gilead Sher）

以色列总理前幕僚长

《化解我们内心的冲突》不仅仅是一本可读的书或一个可被考虑的想法，它还是一艘救生艇，能够拯救无数个正在沉默中受难和在恐惧中窒息的人。

——伊雅娜·凡增特（Iyanla Vanzant），作家，生涯顾问

精神发展内观研究所创始人

前　言

冲突无处不在。无论是工作场合、家还是各类团体，都免不了出现冲突。问题在于，太多人不知道该如何处理冲突。例如，2013 年斯坦福大学出版的《高管培训调查》（*Executive Coaching Survey*）显示，和其他类型的技巧比起来，许多公司 CEO 都认为提高处理冲突的技巧更为紧要。要是对父母们展开一次调查，结果也会相差不远。

既然需求如此巨大，为什么这个问题还是这么令人困惑呢？原因就在于，冲突和魔术一样，真正的行动都发生在无人注视的时刻。比如说，我们总是假设处于冲突中的人们都渴望解决冲突，但事实并不完全如此。如果孩子叛逆，父母确实会想终结这种叛逆；为暴君老板工作的人也想要终结暴政，处于弱势的臣民则希望得到尊重。但也要注意，此时冲突中的各方却都在等待同一个解决方法：他们都在等着对方做出改变。那么，在冲突持续存在而得不到解决时，我们还用得着大惊小怪吗？

实际上，比起解决办法，处于冲突中的人们更看重其他东西。《化解我们内心的冲突》一书便说出了这些东西究竟是什么，也展示了家庭、工作场合和世界上的各种冲突是如何从同样的根源滋生起来的。此外，本书还展示了我们如何系统地误解冲突，以及我们如何在不经意间令我们自认为正试着去解决的问题陷入僵局。

本书的第一版发行于 2006 年。从那时起，本书被翻译为近20 种语言，并在冲突解决领域长期畅销。而这一版是本书的第二版，其中增加了新的附录，能够帮助人们更好地应用其中的概念。

《化解我们内心的冲突》有助于组织打破谷仓效应，改变执法机关的行事方式和结果，弥合劳资关系，挽救婚姻和其他各种关系。商业和政府领导、父母、教授和冲突领域的专业人士都将此书作为指导，寻求他们面前最为棘手的问题的解决方法。

此书以故事的形式展开。阿拉伯人尤瑟夫·阿尔法拉和犹太人阿维·罗森，二人的父亲都死在了对方同胞的手上。《化解我们内心的冲突》讲述的正是他们如何走到一起，又是如何帮助其他人走到一起，而我们又该如何走出那些把我们压得喘不过气来的斗争。

虽然本书中的一些故事来自真实发生的事件，但其中呈现的角色和组织都不代表任何真实的人或组织。从很多方面看，这些角色也正反映了我们自己。他们和我们一样，有长处也有弱点，有志向也有绝望。他们也在努力解决那些压在我们身上的问题。他们就是我们，而我们就是他们。所以，他们的教训也帮助了我们。

希望存在吗？当然。因为我们的问题也和他们的一样，并不仅仅存在于表面。这既是我们面对的挑战，也是我们的机会。

目　录

第一部分　和平的心　001

当我们开始把别人视作物品时，我们就是在激怒他们，让自己的
生活更加艰难。我们其实就是在邀请他人来作践我们的生活，就
是在用我们口口声声说自己憎恨的东西来激怒别人。

第二部分　从和平到战争　081

当我觉得自己被他人困扰时，我学会了问自己这样一个问题：我
要求自己和要求他人的标准是一样的吗？当我担心自己正在给别
人找借口时，我是否也在担心我在给自己找借口？当他人摆脱偏
见时，我是否也在以同样的谨慎让自己摆脱偏见呢？

第三部分　从战争到和平　169

"我向它最低的枝叶伸出手，摘下了一颗种子。我把它包好，将它
视作我曾亲手扼杀、如今却希望能够起死回生的友谊的象征，然
后把它放进了我的口袋里，那个傍晚，我在一封写给哈米什的信
里向他袒露了自己的新生，为我冷酷无情的行为和我造成的痛苦
向他道歉。我把那颗种子也放在了里面，它既代表着我们曾经的
情谊，也代表着我对复苏这段友谊的希望。"

第四部分　传播和平　247

把影响力金字塔应用到实际生活，它将在我们与他人的交流之中指引我们前行，无论这交流是发生在家里、工作场合，还是国际社会中。它会让我们的头脑和心灵保持清醒，告诉我们应该采取怎样的行动。它会帮助我们提高自己积极的影响力，哪怕情况艰难。

第一部分

和平的心

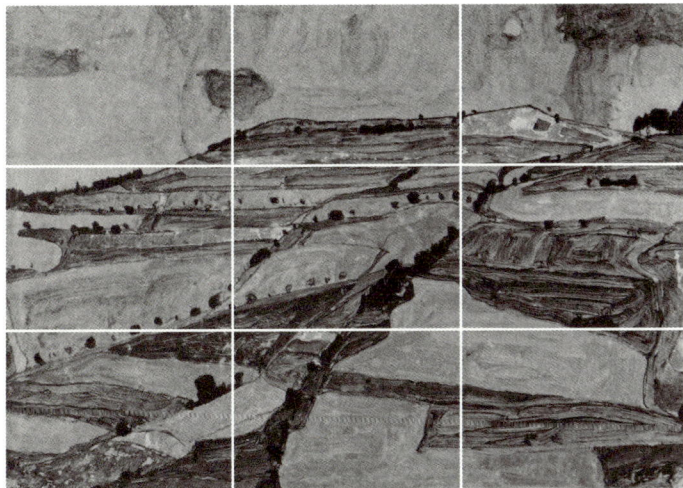

第一章 沙漠中的敌人

"我不去!"少女的尖叫吸引了所有人的注意,"别逼我!"

那个正被她大吼大叫的女人努力想争取:"珍妮,你听我说。"

"我不去!"珍妮大喊,"我不管你要说什么。我就是不去!"

这时,女孩转过身面向一个中年男人,他似乎正在左右为难,既想抱住她,又想悄悄溜走。"爸爸,求你了!"女孩哭喊道。

卢·赫伯特正隔着一个停车场注视着这场闹剧。珍妮还没开口他就猜到那个男人是她父亲。在那个男人身上,他看见了自己的影子。他的独子,18岁的科里,正直挺挺地站在他身边。他也对自己的孩子有着这样复杂的感情。

科里因为私藏毒品在监狱里待了一年,放出来还不到3个月,又因为偷了价值1000美元的处方止痛药被捕。卢觉得他不仅丢了他自己的脸,也让这个家庭蒙了羞。这个治疗方案最好能让科里振作一点，卢对自己说。他又看了看珍妮和她父亲，现在她正绝望地抓着他。卢很庆幸，科里来这儿是法庭的要求，也就是说，要是科里敢像珍妮一样搞小动作，他就得再回监狱里蹲一段时间。卢十分确定，这个早上他们一定会相安无事。

"卢，我在这里。"

卢的妻子卡罗尔正示意他过去。他拉住科里的胳膊，"来，你妈妈在叫我们。"

"卢，这位是尤瑟夫·阿尔法拉，"她向他介绍了站在她旁边的男人，"就是阿尔法拉先生一直在帮我们安排科里的事。"

"当然。"卢说着，强行挤出一丝笑容。

尤瑟夫·阿尔法拉是亚利桑那州的沙漠里那对奇怪的夫妻中的阿拉伯一方。他原本是一个耶路撒冷移民，在 20 世纪 60 年代经约旦来到美国，以继续学业上的深造。最后他留了下来，成为亚利桑那州立大学的教育学教授。1978 年夏天，他和一个愤世嫉俗的以色列年轻人阿维·罗森成了朋友，后者的父亲在 1973 年死于第四次中东战争[1]，之后他便来到了美国。那时，阿维正面临被大学退学的窘境，而在一次实验项目中，学校给了他和其他一些成绩太差的人一次机会，让他们在亚利桑那州的

1　又称赎罪日战争，发生于 1973 年 10 月 6 日至 10 月 26 日。起源于埃及与叙利亚分别攻击六年前被以色列占领的西奈半岛和戈兰高地。战争结果使得阿拉伯国家和以色列得以展开和平对话。——译者注（后文如未特别注明，均为译者注）

高山和沙漠之中度过一个漫长的夏季，以此重建学业，得到一张好看的成绩单。而这个项目的领头人，正是比罗森年长 15 岁的阿尔法拉。

那是一次历时 40 天的生存训练，但像阿尔法拉和罗森这样的阿拉伯人和以色列人早在年轻时就已经习惯了这样的生活方式。在这 40 天里，二人之间建立起了某种联系。一个阿拉伯人，一个犹太人，都把土地——有时甚至是同一片土地——视作神圣之物。尽管二人信仰不同，所属民族之间也多有摩擦，但在对于大地共同的崇敬之中，一种对对方的尊重也逐渐生根发芽。

至少他们就是这么告诉卢的。

实际上，卢对于阿尔法拉和罗森之间志同道合的感情十分怀疑。他总觉得嗅到了一丝公关宣传的气息，毕竟他自己在做企业营销时就有过这样的经验。什么嘛，两个从前针锋相对的仇敌，如今却像家人一样融洽相处。卢越回味关于阿尔法拉和罗森的故事，就越觉得难以置信。

要是卢当时停下来仔细想想，他就会不得不承认，自己之所以会被卡罗尔和科里哄上那架飞机，正是因为这个围绕着摩利亚[1]野营地展开的所谓中东谜团。他本来是可以理直气壮地拒

1　原文为 Moriah，锡安山的另一个名字。在《圣经》中为亚伯拉罕将其儿子以撒献为燔祭之处。

绝来这地方的。最近有五位管理层人员离开了他的公司，使得公司境况岌岌可危。就算他真的像阿尔法拉和罗森要求的那样离开两天，那也应该是去高尔夫球场或泳池边放松放松，而不是跑到这儿和一群绝望的家长惺惺相惜。

"谢谢你的帮助。"他对阿尔法拉说，装出感激的样子。他继续用眼角的余光瞟着那个女孩。她还在又哭又叫，对她父亲又抓又扯。"不过看来你这儿事情也不少。"

阿尔法拉眯起眼睛露出一个微笑。"确实是。父母在面对这种情况时总是有点歇斯底里的。"

父母？卢想，真正歇斯底里的是那个女孩才对。但是卢还没来得及指出这一点，阿尔法拉就开始和科里说话了。

"你一定就是科里了。"

"就是我。"科里随便地回答道。卢用手指戳了戳科里的胳膊以示责备，科里则鼓了鼓肌肉作为回应。

"很高兴见到你，孩子。"阿尔法拉说道，丝毫没有在意科里的语气，"我一直很期待我俩的会面。"他俯过身来加了一句，"肯定比你更期待。我想你应该也不太愿意来这儿。"

科里没有立刻回答。"确实不想。"他把手臂从他父亲手里抽出来以后终于开口说道。他条件反射般地用手扫了扫胳膊，像是想把他父亲抓着他时残留的什么分子纤维清理干净一样。

"这也不怪你，"阿尔法拉说着看了一眼卢，又回头看着科里，"一点都不怪你。但是你知道吗？"科里警惕地看着他。"要是你之后还这么想，我才会奇怪。"他拍了拍科里的背，"很高兴你能来，科里。"

"好吧，好吧。"科里的语气不如之前那么轻快了。但很快他就又重回状态，扬声说："随便你怎么说吧。"

卢向科里投去一个愤怒的眼神。

"那么，卢，"阿尔法拉说，"你可能自己也不太想来这儿吧，是吗？"

"恰恰相反，"卢说着，挤出一个微笑，"我们挺高兴能来这儿的。"

卡罗尔站在他旁边，知道他说的并不完全是真话。但他来了。她得承认他的付出。他经常抱怨事情有多麻烦，但到了最后，他几乎总是决定要做那些麻烦事。她提醒自己多想想事情积极的一面——多想想表面的不和之下隐藏得并不深的善意。

"我们很高兴你来了，卢。"阿尔法拉回答道。他转向卡罗尔，加了一句，"我们知道对于一个母亲来说，把孩子交到外人的手里究竟意味着什么。能得到您的信任是我们的荣幸。"

"谢谢您，阿尔法拉先生，"卡罗尔说，"能听到您这么说，我很感动。"

"我们确实也是这么觉得的，"他回答道，"请您就叫我尤瑟夫吧。你也是，科里。"他说着，转向科里的方向。"实际上，尤其是你。请叫我尤瑟夫，或者你要是想，也可以叫我'尤西'。大多数年轻人都是这么叫我的。"

科里没有像他惯常的那样回以自大的嘲讽，而只是点了点头。

几分钟以后，卡罗尔和卢看着科里和其他人一起上了一辆面包车，他们将在野外度过接下来的 60 天。所有人都上去了，除了那个叫珍妮的女孩儿。当她意识到她父亲不会帮她时，她便跑到对街挑衅地坐到了一面混凝土墙上。卢注意到她的脚上没有穿鞋。他抬头看了看天上那轮亚利桑那州清晨的太阳。不多久她就会感受到烈日的灼热了，他想。

珍妮的父母似乎有点不知所措了。卢看着尤瑟夫朝他们走去，几分钟后，那对夫妻便进了大楼，最后一次回头看了看他们的女儿。珍妮哭嚎着看着他们走进大门，离开她的视线。

卢和卡罗尔与其他几对父母一起，在停车场上一边转悠一边闲聊。他们见到了一个来自得克萨斯州达拉斯市的男人，名叫皮提思·穆里，一对来自俄勒冈州科瓦里斯市的姓洛佩兹的夫妻，还有一个来自英国伦敦的叫作伊丽莎白·温菲尔德的女人。温菲尔德夫人目前住在加利福尼亚州的伯克利市，她丈夫在此地做中东研究的客座教授。和卢一样，她对这个摩利亚野营地感兴趣，主要是因为她对营地创建者和他们的故事充满好奇。她很不情愿陪她侄子来，因为他父母负担不起从英格兰过来的费用。

卡罗尔评论说，这是一个在地理上十分多元化的小组，虽然每个人都微笑着点了头，但很明显这些谈话只是做做样子。大多数家长的心都在自己家坐在面包车上的孩子身上，每分钟都遮遮掩掩地朝那个方向张望着。对卢来说，他最好奇的是为什么没人管管珍妮。

卢正要问尤瑟夫，开车带着孩子们出发去营地是要做什么，后者这时却拍了拍正在和他说话的那个男人的背，然后开始向街上走去。珍妮没有认出他。

"珍妮，"他朝她喊了一声，"你还好吗？"

"你觉得呢？"珍妮叫道，"你不能强迫我走，不能！"

"你说得对，珍妮，我们不能。而且我们也不会。你去不去，取决于你自己。"

卢转头看了看面包车，希望科里没听见这句话。"也许你不能强迫他去，尤西，"他想，"但是我能。法庭也能。"

尤瑟夫有那么一小会儿什么也没说。他站在那里，隔着一条街望着那个女孩，二人之间不时驶过一辆汽车。"你介意我过来吗，珍妮？"他终于喊道。

她什么也没说。

"我只是想过来和你聊聊。"

尤瑟夫穿过街道，坐到了人行道上。卢竭力想听清他们究竟说了什么，但距离和交通噪音让他没能如愿。

"好了，到了该出发的时候了，各位。"

卢朝声音的来源转过头。一个外表年轻、身材矮小的男人正挺着一点啤酒肚站在大楼的门口，在卢看来，他脸上的笑容太夸张了一点。他头发浓密，使他看起来比实际年龄要年轻一点。"来吧，各位，"他说，"咱们也许该出发了。"

"我们的孩子怎么办？"卢指着那辆正在启动的面包车抗议道。

"他们很快也会走的，我确定，"那个男人回答说，"你们之前已经有过道别的机会了，不是吗？"

他们都点了点头。

"那就好。那请往这边走吧。"

卢最后一次看了看那辆面包车。科里正直直地盯着前方，很明显根本没有注意到他们。卡罗尔则一边流泪一边不管不顾地朝他挥着手。家长们纷纷走进了门里。

"阿维·罗森。"那位头发茂密的男人向卢伸出了手。

"卢和卡罗尔·赫伯特。"卢用对下属说话的敷衍语气回应道。

"很高兴认识你，卢。欢迎你，卡罗尔。"阿维鼓励地点了点头。

他们跟着其他人排队走进门内，爬上楼梯。接下来的两天，这里就是他们的家。"我们最好在这两天里搞清楚他们究竟要怎么治好我们的儿子。"卢想。

第二章　更深层次的事

　　卢环视了一圈房间。十来把椅子拼成了一个 U 型，而卢正坐在开始的第一把上。珍妮的父亲和母亲正坐在他对面。那个母亲的脸因为担心而皱成了一团。星星点点的红色斑块布满了她的脖子，又一直延伸到她的脸上。那个父亲则双眼空洞地盯着地面。

　　在他们背后，伊丽莎白·温菲尔德（穿着一套时髦的商务装，卢觉得她有点过于浮夸了）在最远的那堵墙边的吧台上给自己倒了一杯茶。

　　同时，皮提思·穆里，来自达拉斯的那个家伙，在卢右方过去大概半圈的正中位置坐了下来。卢觉得他看上去挺犀利的，头高高扬起，下颌紧咬，带着戒备，应该是一个领导层的人物。

　　而坐在皮提思另一边的那对夫妻则形成了鲜明的对比。米格尔·洛佩兹身形巨大，两条胳膊的几乎每块皮肤上都盖满了文身。他整个下巴都留着胡子，要不是那块围在头上的黑色头巾，他整张脸都快被毛发遮完了。与他相反，他的妻子瑞亚身高则刚过 1.5 米，很苗条。她在停车场的时候就是整个小组里最能聊的，而米格尔大多数时候却只是沉默地站在一边。瑞亚这时对着卢点了点头，嘴角似乎正在扯成微笑的弧度。他也朝她轻轻点了点头作为回应，然后继续扫视整个房间。

在房间的后部站着一个孤零零的女人，卢还没有见过她。她是非裔，卢猜测她有 40 多岁。跟其他带着孩子来的人不一样，她没有去外面和他们告别。卢不知道她究竟是带着小孩来的，还是为摩利亚野营地工作，抑或是因为其他原因来到这里的。

卢把双臂松松垮垮地抱在胸前，又看向房间的前部。他最恨的事情之一就是浪费时间，而他们从到这里开始似乎就什么事也没做。

"谢谢大家的到来，"阿维一边说一边走到了大家前面，"我一直很期待和各位见面，也很期待认识你们的孩子。首先，我知道你们都很担心他们——尤其是你们，特里和卡尔。"他说着，瞥了一眼珍妮的父母。"你们的到来是你们舐犊情深的证明。你们不用为他们操心，他们会被照顾得很好的。"

"其实，"他停顿了一下，接着说道，"他们不是我最担心的。"

"那谁是?"瑞亚问道。

"你们,瑞亚。你们所有人。"

"我们?"卢惊讶地重复了一遍。

"是的。"阿维微笑着说。

卢从来都不是一个会在面对挑衅时败下阵来的人。他在越南时曾担任海军陆战队的中士,这段恐怖的经历让他变得更加强悍和尖锐。他手下的人都叫他地狱之火赫伯特,这个名字既反映了他粗糙而盛气凌人的本质,也代表了他对自己的部队不计后果的奉献。他手下的人既怕他又敬畏他:对于他们中的大多数人来说,他们最不愿意一起度假的人就是他,但再没有一个军官能像他一样带回来那么多幸存的士兵。

"为什么我们会是你最担心的人?"卢尖锐地问道。

"因为你们认为自己没什么可让我担心的。"阿维回答。

卢礼貌地笑了笑。"这就有点绕圈子了,是吧?"

小组里的其他人就像在看一场网球赛一样,此刻都盯着阿维,期待着他的反应。

阿维微笑着垂眼看了一会儿地面,思考着。"跟我们聊聊科里吧,卢,"他终于说道,"他是什么样的人?"

"科里?"

"是的。"

"他是个天赋异禀但却在浪费生命的孩子。"卢用陈述事实的语气说道。

"但他是个非常好的孩子，"卡罗尔插嘴道，小心地看着卢，"他犯了一些错误，但他本质上是个好孩子。"

"好孩子？"卢没能维持他满不在乎的态度，嘲讽地说，"我的天，他可是个重罪犯——还犯了两次！他当然可以做个好孩子，但可以做不代表他现在是。要是他真是个好孩子，我们也不会来这儿了。"

卡罗尔咬住了嘴唇，房间里的其他父母不安地动了动。

卢感觉到了他身边众人的不适，倾了倾身子补充道："抱歉说得那么直白，但我不是来这儿庆祝我儿子的成就的。老实说，他给我惹的麻烦比女王的都多。"

"麻烦您还是把皇室的话题留给我吧。"温菲尔德夫人开了个玩笑。她就坐在卡罗尔的另一边，卢右边过去两个座位的地方。

"当然，"他说着回了一个微笑，"我向皇室道歉。"

她朝他轻轻点了点头。

这个房间里难得有这样所有人都能投入其中的轻快瞬间，大家的生活都被沉重的情绪掌控太久了。

"卢说得对，"阿维在那个瞬间结束后开口说道，"我们来到这里，不是因为我们的孩子做出了正确的选择，而是因为他们做出了错误的选择。"

"我就是这个意思。"卢同意地点点头。

阿维露出了微笑："那么，我们该如何解决呢？你们正在经历的家庭问题又该如何改善呢？"

"我认为答案很明显，"卢直接地回答道，"我们来这里，是因为我们的孩子出了问题。而摩利亚野营地需要做的就是帮孩子们克服他们的问题。不是吗？"

卡罗尔被卢的语气激怒了。他现在正用他开会时的语气说话——直接，挑衅，粗暴。他很少用这种语气和她说话，但在过去的几年里他总是这么和科里说话。卡罗尔已经记不清，卢和科里上一次好好说话是在什么时候了。他们一开口就像是在用言语摔跤一样，双方都想预测对方的行动，寻找对方可以被利用的弱点，最终使其屈服。他们都不能把对方的身体按在真实的比赛垫子上，这种言语上的摔跤赛总是以平手收场：二人都声称自己获得了虚拟的胜利，但又都深感挫败。她曾经秘密地请求来自天堂的帮助，她父母常去教堂，一直这样教她。她并不确定天堂究竟存不存在，或者会不会帮她，但她还是恳求着上帝的帮助。

阿维好脾气地微笑着。"那么，卢，"他说，"科里是个麻烦。你是这个意思吧。"

"对。"

"我们需要用某种方式改造他 —— 或者改变他，激励他，规范他，纠正他。"

"当然。"

"你已经试过了？"

"试过什么？"

"改变他。"

"当然。"

"有用吗？他变了吗？"

"还没有，这就是为什么我们会来这儿。无论他耳朵有多硬，总有一天，他会改变的。不管怎样。"

"也许吧。"阿维的语气并不确信。

"你难道认为你的项目会没作用？"卢怀疑地问。

"那得看情况。"

"看什么情况？"

"看你的情况。"

卢吼道："你的项目成不成功，怎么会取决于我？在接下来的两个月里和我儿子待在一起的那个人可是你！"

"因为在那之后，是你和他在一起生活，"阿维回答道，"我们可以帮忙，但要是他回去以后发现家里还是和他走的时候一样，无论他在这儿变得有多好，回去以后也很有可能会重蹈覆辙。尤瑟夫和我只是暂时的替代品。你和卡罗尔，你们所有人这些带着孩子来的人，"他向这个小组示意，"才是真正重要的帮手。"

太好了，卢想，又是浪费时间。

"你说你想让科里有所改变？"一个声音从后面传来，把卢拽出了他的思绪。来人是尤瑟夫，他终于加入了小组中。

"是的。"卢回答道。

"这不怪你，"尤瑟夫说道，"但如果这就是你想要的，有一件事你得知道。"

"什么事？"

"要是你想让他改变，你就要先改变你自己身上的一个地方。"

"哦？是吗？"卢挑衅道，"什么地方？"

尤瑟夫走到那块几乎盖住了房间前方整堵墙的白板前。"我给你画出来吧。"他说。

"到了明晚，"尤瑟夫转过身面对着小组说道，"我们会研究出一个详细的计划来帮助彼此改变。这项计划将会被画成这么一个我们称作'影响力金字塔'的图形。我们暂时还没有想好

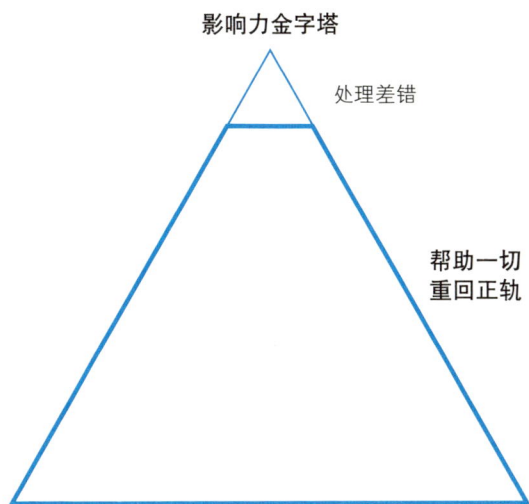

影响力金字塔

处理差错

帮助一切
重回正轨

这座金字塔的细节，所以我只画出了它的大概框架。这项大致
计划将会帮助我们彻底地改变，而我们自己的改变又能使我们
去改变他人。"

"好吧，那我来问，"卢说，"什么彻底的改变？"

"看看这座金字塔的两个区域吧，"尤瑟夫提议道，"注意
看，我标记为'帮助一切重回正轨'的这一块区域是最大的。
和它比起来，'处理差错'则小得多。"

"对。"卢思考着其中的深意，说道。

尤瑟夫继续说："这座金字塔的意思就是，我们应该多花点
时间和精力来让一切重回正轨，而非处理差错。然而不幸的是，

我们常常会花很多时间和精力在后者上。我们想管好我们的孩子，改变我们的伴侣，纠正我们的员工，规范那些没有按照我们的喜好行事的人。而且我们还不是真的在做这些事，我们只是在想着要做这件事或者担忧着这些事。我说得对吗？"尤瑟夫环顾四周，等待着大家的回应。

"打个比方，卢，"他说，"我说你花了很多时间来批评和挑衅科里，不为过吧？"

卢想了想。依他的情况看，这确实没错，但是他不想就这么承认。

"是的，我得说这话不为过。"卡罗尔替他承认了。

"谢谢。"卢低声咕哝了一句。卡罗尔直直地看着前方。

"在我这里，这种情况也存在，"尤瑟夫替卢解了围，"我们在面对问题和试图解决问题时，往往都会这么做。但是，当我们的问题是某个人时，这么做几乎毫无帮助。比如说，要是我们的孩子在发脾气，我们的另一半在生闷气，或者我们的同事在抱怨，去纠正他们的做法往往没什么用。换句话说，我们生活中的大部分问题其实都不能单靠去纠正它们就能解决。"

"那你的建议是什么？"卢问道，"要是你的孩子吸了毒，你会怎么做，尤瑟夫？无视他？难道说你不会去改变他？"

"或许我们可以用一个不那么极端的案例作为开头。"尤瑟夫回答说。

"不那么极端？这就是我的生活！我要面对的就是这种情况。"

"是的，但这并不是你生活的全部。你和卡罗尔没有吸毒，但我猜你们也并不是一直幸福快乐吧。"

卢想起了昨天他们在飞机上时卡罗尔的沉默。她不喜欢他对待科里的方式，所以她用一言不发来表达她的不快。她的沉默常常被泪水浸润。卢知道这种沉默是什么意思——他，卢，没有达到她的期望——而他恨透了这一点。他应付孩子已经够累了，他认为自己不应该还被这样含泪欲泣的沉默教训。"我们都不完美。"卢承认道。

"我和我的妻子丽娜也不完美，"尤瑟夫说，"你知道我是怎么做的吗？当丽娜因为什么事生我的气时，最帮倒忙的事就是去批评她或纠正她。她生气自有她的理由。我也许会觉得是她错了，是她无理取闹，但是我从没通过回击来让她明白我的想法，一次也没有。"他看着卢和卡罗尔。"你们呢？想要改变对方的想法真的有用吗？"

卢若有所思地轻咬着脸颊的内部，想起了他和卡罗尔在她的沉默之后的那次吵架。"不，我觉得没有。"他最终回答道。"反正大致上说是没有的。"

"所以，生活中的大多数问题，"尤瑟夫说，"解决的方法都不仅仅停留在规范和纠正上。"

卢想了一会儿。

"但是，对于那些更加严重的问题，"尤瑟夫继续道，"要是我的孩子做了什么特别过分的事，比如吸毒，那又怎么办呢？我难道不应该去改变他吗？"

"正是。"卢点点头。

"是的，你的答案当然会是，"尤瑟夫说，"应该。"

尤瑟夫的话让卢惊讶不已，他咽下了他已经想好的反驳。

"但如果和孩子的互动总是在致力于改变他，他反而不会那么容易改变。"

卢被这个回答绕晕了，他皱起了眉头。他又开始构思他的反驳。

"只有当我开始为了让一切重回正轨而活，"尤瑟夫继续说，"而非仅仅为了纠正差错而活时，我才能让人们发生改变。举个例子，为了不只是局限于去纠正事物，我需要不断充实我的教学、我帮助他人的方式、我倾听的方式，还有我的学识。我需要付出时间和精力来建立人际关系，等等。要是我只为金字塔底部的这个部分努力，那我永远也无法到达顶端。

"比如说，珍妮，"他继续说，"她现在正坐在外面的一堵墙上，不愿意加入其他人。"

还在？卢在心里想。

"她不想参加这个项目，"尤瑟夫继续说道，"这可以理解，真的。17岁的小姑娘怎么会愿意60天都睡在坚硬的地上、吃玉米粉和用自制长矛猎到的小动物呢？"

"他们到了外面必须得这么生活？"瑞亚问道。

"是的，差不多是这样，"尤瑟夫微笑着说，"但也没有那么原始。"

"不过也接近了。"阿维笑着插嘴道。

瑞亚睁大了眼睛，往后一仰，试图想象出她的儿子在这样的环境里该怎么办。和她相反，她丈夫米格尔赞许地点了点头。

"所以我们该怎么办？"尤瑟夫自问自答，"管教她或者纠正她好像都不会有用，你们同意吗？"

"噢，我不知道。"卢的争论更多的是出于习惯而非确信，"要是我，我就会走到她面前，让她把屁股给我塞到车上去。"

"你可真是绅士，卢。"伊丽莎白开了个玩笑。

"那要是她不听呢？"尤瑟夫问。

卢看着伊丽莎白。"那我就亲自让她上车。"他一字一顿地说。

"但是摩利亚野营地是个私人机构，没有州政府的权力，"

尤瑟夫回应说，"而且我们也不想因为强迫别人按照我们的意愿做事而节外生枝。我们不会强迫孩子加入。"

"那你们就麻烦了。"卢说。

"是的。确实有点麻烦，"尤瑟夫同意道，"我们每个家庭都有这样的麻烦。而且同事之间、国家之前也存在这样的麻烦。我们身边都是这样独立自主的人，他们并不总会按照我们的喜好行事。"

"那要是这样，你又能怎么办呢？"瑞亚问道。

"我会把那些更深层次的事情做到最好，"尤瑟夫回答，"那些帮助一切重回正轨的事情。"

"你怎么才能把这些事做到最好呢？"瑞亚继续追问。

"这就是我们在接下来的两天里会谈到的事，"尤瑟夫回答说，"我们先从最深层次的事情开始，我想请大家回顾一下距今大约九百年前的某个时期，那时一切都乱了套。"

第三章　战争中的和平

"1099 年 6 月，"尤瑟夫开始讲述，"西方来的十字军围住了耶路撒冷。40 天以后，他们冲垮了北面的城墙，涌进了城内。两天内，他们屠杀了城里大部分的穆斯林，强迫幸存者把死尸背到万人坑一堆堆摞好，然后放火烧掉。这些幸存者们最后则要么也死于大屠杀，要么被卖到奴隶市场。

"犹太人的数量虽然没有那么多，但下场也没有好多少。犹太区的居民们逃到会堂寻求庇护，入侵者便堵住出口，在会堂周围堆上木柴，然后点燃。除了极少数人设法逃脱外，其他人全被活活烧死。而那些逃脱的人最后也在逃跑途中被困在一条小路上屠杀殆尽。

"这种野蛮行径最后还殃及了当地在天主教圣地任职的天主教徒。这些牧师们被流放，被折磨，不得不展示当地珍藏的圣物，而这些东西最后都被洗劫一空。

"于是，一场西方和中东之间跨越了两个世纪之久的争端就此开始。对于很多中东人来说，今天的战争不过是那场争夺圣地的古代战争的延续。对于他们来说，美国和欧洲就是入侵的十字军。"

"作为房间里唯一的欧洲人，"伊丽莎白开口道，"你介意我谈谈十字军吗？"

"完全不介意，"尤瑟夫说，"请讲。"

"我对这段历史也有一点了解。首先，我们得了解耶路撒冷的历史。在古代，耶路撒冷大部分时间是由犹太人掌握的，直到罗马在公元 70 年将其劫入囊中。与此同时，在耶稣死后，他的信徒们开始在这片地区传播福音。基督教最终成为罗马帝国的国教，新的信仰在国内飞快发展，其中就包括耶路撒冷。到了公元 638 年穆斯林攻占耶路撒冷时，这座城市已经被天主教统治了 300 年。所以，第一次十字军东征[1]中的骑士们占领耶路撒冷时，他们觉得自己只是把原本属于他们的东西拿回来了而已。他们和那些正在与之作战的穆斯林一样，都相信这座城市本来就是自己的。"

"即使这样也不能为他们的残暴开脱吧。"皮提思插嘴说。

1　第一次十字军东征发生在公元 1096—1099 年，由西欧基督教国家发起，旨在夺回被穆斯林占领的圣地及耶路撒冷城。

"是的，"伊丽莎白赞同地说，"确实不能。"

"但是说真的，"卢说，"又不是只有十字军残暴，穆斯林的手也不见得多干净。"

"是吗？"皮提思问道，"我不了解这段历史，很想听听。"

"卢说得对，"伊丽莎白说，"在这场战争中，双方都很丑恶。尤瑟夫已经给我们说过西方人的暴行了。早期的穆斯林也有过大屠杀的行为，比如说巴奴古莱扎那次，它是麦地那[1]最后的一个犹太部落。在伊斯兰教最早期，穆斯林的军队把整个部落的人都斩首了。"

"而今天他们为了伤害和屠戮无辜的平民把自己炸成碎片。"卢脱口而出。

伊丽莎白对他的打断颇感不满，把嘴瘪成了一条线。

"我同意伊丽莎白的说法，历史的每一面都有肮脏的尘垢，"尤瑟夫说，"但我要向大家介绍的，却是一些没有那么肮脏的数据。

"在 1099 年占领耶路撒冷后，"他继续说，"十字军掌控了中东大部分的沿海地区，这种情况持续了 80 年。他们能成功，很大程度上是占了穆斯林军队和政治领袖内讧的便宜。但是，随着努尔丁得势并将叙利亚的多方势力联合起来，情况发生了变

---

1 位于今沙特阿拉伯境内，与麦加、耶路撒冷并称为伊斯兰教三大圣地。

化。在他的后继者萨拉丁的领导下，局势得到了逆转，穆斯林抵抗势力占据了优势。他的军队在1187年重新夺回了耶路撒冷。

"无论是从军事上、政治上还是其他方面来说，萨拉丁都是那个时期最成功的领袖。他的成功来势汹汹，让人措手不及，有些历史学家甚至会用运气和命运这样的东西来解释。但是我自己研究过萨拉丁，我认为他在战争中的成功有更深层次的原因；一个在一开始根本不会和战争联系起来的原因。"

"什么?"皮提思问，"什么原因?"

"要理解这一点，"尤瑟夫回答道，"我们得多了解一下这个人。我给大家讲一个故事。有一次，一个探子从敌方的营地里带来一个哭泣的女人。她歇斯底里地请求这个探子带她去见萨拉丁。她整个人跪在萨拉丁面前，说：'昨天几个穆斯林小偷进了我的帐篷，偷走了我的小女儿。我整晚都在哭，我觉得我再也见不到她了。但是我们的指挥官告诉我，您，穆斯林的王，您是慈悲的王。'她央求他帮帮她。

"萨拉丁深受触动，流下了眼泪。他立刻派出一个人去奴隶市场寻找那个女孩。他们在一小时内就找到了她，把她送回到了她母亲身边，又保护她们回到了敌方的营地。"

尤瑟夫顿了顿。"如果你们研究过萨拉丁其人就会发现，这个故事十分具有代表性。他对待同胞和敌人都同样友善，这一点早已声名在外。"

"我不觉得那些死在他军队的剑下的人会觉得他友善，"伊丽莎白插嘴道，"但我同意，和他同时代的其他人比起来，他确实要稍微多那么一点闪光点。"

卢没觉得有什么大不了的。他的思绪又回到了越南，在那里他不得不背着他部队里那些年轻人的尸体钻出丛林。他从越南回来后，以私人名义去拜访了每一个在他的命令下失去了性命的士兵的母亲。在两年的时间里，他先后拜访了53座城市，从西部的西雅图和圣迭戈到东部缅因州的的波特兰和南方乔治亚州的萨瓦纳。他坐在那些战友未能重返的客厅里，用胳膊环住他们悲痛的母亲，将她们儿子的英雄事迹娓娓道来。他深爱着他的士兵们。一直到今天，他仍然在思考当初究竟要怎样才能救下更多的人。友善和慈悲当然好，他想，但是在战争中，它们一文不值。

"跟大家介绍过背景后，"尤瑟夫继续说，"我再跟大家说说萨拉丁夺回耶路撒冷和十字军首次入侵的故事。1187年春天，在十字军破坏休战协议后，萨拉丁在大马士革召集起伊斯兰的各方势力。他计划把大家联合起来，共同将入侵者赶出他们的领地。"

"我插一句，"伊丽莎白再次打断道，"谁入侵了谁还说不清楚呢。我之前说过，在双方眼中，对方才是入侵者。"

"是的，"尤瑟夫说，"抱歉，我说得不够准确。"他继续讲道："萨拉丁在加利利海旁边给入侵者——呃，或者说，西方人——设下了埋伏。只有少数人逃走了，其中包括了一个叫作'伊贝林的贝里昂'[1]的将领。贝里昂逃到了推罗，通过信使，他给萨拉丁提出了一个出人意料的要求：他问萨拉丁能不能让自己去耶路撒冷，把他的妻子安全地接到推罗。他保证自己绝不会拿起武器保卫耶路撒冷。萨拉丁同意了。

"然而，等他到了耶路撒冷以后，他却发现城内没有一个人在指挥保卫战，贝里昂于是恳求萨拉丁允许他毁约。他想留下来带领人民抵抗萨拉丁的军队。萨拉丁不仅同意了，还派出一队人马把贝里昂的妻子安全地护送到了推罗！"

卢哼了一声。

"是的，卢，有点难以想象，是吧？"

"我只能说，她肯定是个美人儿。"卢说着，环顾了一下四周看看有没有人发笑。米格尔给了他面子，他的眼睛笑得眯了起来，宽阔的肩膀随着笑声上下起伏，但剩下的人全都对这个笑话毫无反应。卡罗尔几乎不可见地摇了摇头，努力告诉自己虽然卢有时会摆出虚张声势的做派，但他在心里其实是个好人。她知道他会如此表现其实是因为他现在倍感压力。他的公司现

1　12世纪耶路撒冷王国十字军中重要的贵族成员。

在一团糟，而他又不得不放下工作。

"9月20日，他们开始围攻耶路撒冷。"尤瑟夫继续道，"9天以后，萨拉丁的人攻破了城墙，那里正好靠近十字军大概90年前攻入的地点。萨拉丁严格命令手下的人不准伤害任何一个基督徒，也不准抢走他们的任何财物。他加强了对基督教朝圣地的保卫，并且宣布战败的人也可以随时来耶路撒冷朝圣。

"为了补充国库，萨拉丁和贝里昂针对城中的每一个居民制定出了一个赎金政策。他手下的人抗议赎金实在太低，但萨拉丁担忧居民中的穷人，所以很多人其实几乎什么也没交就安全离开了，不仅如此，寡妇和孩子离开时还有礼物。他手下的将领反对说，要是那么多人都可以不费一文钱就离开，那他们起码应该让那些富人多交点钱才对。但是萨拉丁拒绝了。贝里昂自己也被允许带着一大笔财产离开了，而且萨拉丁还派了人护送他回到泰尔。"

尤瑟夫环视了一圈。

"我真觉得他实在太弱了。"卢说。

"是的，"尤瑟夫说，"确实弱，最后还成了那个时代里最伟大的军事领袖，而且直到今天还受到大家尊敬呢。"

"还是弱，"卢坚持道，"而且还心软。"

"你为什么这么说，卢？"伊丽莎白插嘴问。

"这个嘛，"卢开口说，"你也听到尤瑟夫说的了。他让所有人都占了他便宜。"

"你是指他饶了他们的性命？"

"而且还让他们带着国库跑了。"

"但他们不是为了扩充国库才去耶路撒冷的，"她回答，"他们是为了取得长久的胜利。"

"那他为什么不一举消灭掉他的敌人？"卢反对说，"让他们一走了之，就是允许他们在之后的某一天再次打回来。相信我吧，我在越南打过仗。要是我们像他一样，早就被屠杀殆尽了。"

皮提思开口了："卢，我们在越南确实伤亡惨重。"

卢的背僵了一下。他双眼燃烧着怒火，转头看向皮提思，"听着，皮提思，你为什么不能说点你了解的事，嗯？你根本不知道越南到底是什么样——你也不懂我们的人在那里有多英勇。"

"空军，"皮提思回应道，"战略战斗机第 555 中队。去了两次，"他平静地看着卢，"你呢？"

卢吃了一惊，以低不可闻的声音咕哝了几句，又急促地说道："在越南待了四年。第九海军陆战队，二营——我们都叫自己'戴头盔的恶鬼'。抱歉。"他加上一句，对皮提思点了点头。

皮提思也朝他点了点头："不用道歉。"

"组里竟有两名越战老兵，"尤瑟夫热忱地笑了，"太好了！"

"卢，"他继续说，"你说萨拉丁听上去有点软有点弱。"

卢点点头，这次的态度几乎可说是温顺。

"但是，你觉得他挨个攻下的那些城市的俘虏也觉得他软弱吗？他征服的穆斯林将领也觉得他软弱吗？那些只当过他的手下败将的人也觉得他软弱吗？"

卢犹豫了一会儿。"不，"他现在的语气温和多了，"我想不会。"

"是的，他们当然不觉得。而且其中的原因很简单：他本来就不软弱。实际上，他无比强大，令人敬畏。但是他又不止如此。他远超强大，或者说，他远比强大更加深沉。正是这一点将他和同时代的人区分开来，那些人虽然也强大，但却并不成功。"

尤瑟夫停了停。

"那是什么？"皮提思问道，"他比别人更多的一点，那个更深沉的东西。"

"那就是在使一切重回正轨时最重要的因素。"

"是什么？"皮提思追问。

"萨拉丁作战时的秘密，"尤瑟夫回答，"就是他的内心一直保持着和平。"

这对于卢来说简直不可理喻。"内心保持和平,尤瑟夫?"他嗓音尖利地发问,"这就是你的秘密?萨拉丁内心很和平?"

"是的。"

"你是在开玩笑吧。"他说着,先是看了看皮提思,又看了看其他人,眼带讥讽地寻找着支持者。他觉得自己在皮提思身上找到了回应,后者此刻正眉头紧锁地思考着什么事情。

卢又瞥了瞥伊丽莎白,但她的表情让他看不明白。他又试了一次,一边看着她一边说:"所以作战的秘密就是内心的和平?"他嘲讽地反问,转身面向尤瑟夫。

"是的,卢,"尤瑟夫毫不畏缩地回答道,"而且不仅仅是在作战的时候。它也是在生意上和家庭生活中取得成功的秘密。你面对孩子时的内心状态——无论是波涛汹涌还是平静如水——都是我们目前进行的调停工作中最重要的因素。而且,它也能在很大程度上影响你操控公司的能力,毕竟,你离开的这段时间肯定会给你的生意带来一些挑战。"

这句话完全打乱了卢的步调。他还不习惯有人正面回应他的嘲讽,而且尤瑟夫极具说服力地阐释了他的看法,对卢的公司又进行了一针见血的评论,这些都击溃了卢的防线。

他看向旁边的卡罗尔,他觉得这些内部消息肯定是从她嘴里泄露的。但她直直地盯着前方,没有回应他的视线。

第四章　行为之下的真相

就在这时，公司的一个年轻员工走进来，对着尤瑟夫耳语了几句。尤瑟夫说了声抱歉，便赶快跟着那个人走出了房间。

他走了以后，皮提思对阿维说："我不太确定尤瑟夫说的内心和平是什么意思。能再跟我们讲讲吗？"

"当然，"阿维说，"首先，我们可以把萨拉丁夺回耶路撒冷一事和那之前十字军占领该城放在一起对比一下。"他看着皮提思，"你注意到这两次胜利之间有什么差别了吗？"

"当然，"皮提思回答道，"十字军干的都是野蛮人的行径。"

"那萨拉丁呢？"

"他则可以说很有人情味了。至少对于被攻打的一方来说。"他加了一句。

"说说看，什么叫有人情味？"阿维鼓励道。

皮提思停了停，整理了一下思绪。"我的意思是，"他终于说道，"萨拉丁似乎对被他打败的人也心存尊重。但十字军军队看起来——嗯，他们就像野蛮人，我之前说过了。他们屠杀了所有人，好像这些人都无关紧要一样。"

"正是如此，"阿维同意道，"对于第一次十字军东征中的军队来说，人民一文不值。也就是说，十字军没有把他们视作人，而是把他们视作物品或私人财产，可以按照自己的喜好驱赶、杀戮。"

"另一方面，萨拉丁，"阿维继续说，"看见且珍视这些人身上的人性。他可能也希望这些人从没有越过他的国土的边界，但他仍然将这些和他打仗的人视作人，因此他也需要根据这一点来看待他们，对待他们，并尊重他们。"

"所以这跟我们有什么关系？"卢问，"你讲了个900年前的故事，还是个关于打仗的故事。这跟我们的孩子有什么关系？"他想到尤瑟夫关于他的公司的言论，又加上一句，"或者和我们的员工有什么关系？"

阿维直直看向卢："每时每刻，我们都在选择，选择是要成为萨拉丁这样的人，还是像十字军入侵者那样的人。在对待我们的孩子、伴侣、邻居、同事、陌生人时，我们都在选择是要把他们当作和我们一样的人，还是物品。我们选择了什么，他们就是什么。在前一种情况下，因为我们把他们当作了和我们自己一样的人，我们就能说自己的内心在面对他们时是和平的。在后一种情况下，因为我们常常觉得他们低我们一等，就只能说我们的内心其实处于交战状态。"

"穆斯林对待他人时充满人情味，但他人对待穆斯林时却很野蛮，你似乎对这种说法很买账，阿维，"卢反对道，"恐怕你的看法还是太天真了。"他想到了他知道的关于阿维的故事，"而且我很惊讶，毕竟你父亲就是被你赞美的人杀害的。"

阿维重重地叹了一口气："尤瑟夫和我并没有指其他人，卢，仅仅只是说萨拉丁。每个国家里，每种信仰中，都既有有人情味的人，又有野蛮的人。把某个种族或文化中的所有人都合并成同一种典型形象，就是没有将他们视作人。在这里，我们总在避免犯这种错误，对我来说，萨拉丁就是一个值得我们学习的人。"

卢在这次反驳后陷入沉默。他开始感到自己在这个小组中实在是孤立无援。

"萨拉丁攻占耶路撒冷和十字军攻占耶路撒冷的区别，"阿维继续说，"给我们上了重要的一课：任何行为，哪怕是像战争这样严酷的行为，也能用两种不同的方式实现。"说到这里，他走到白板前画下了如下的图形：

生存之道图解

行为
入侵耶路撒冷
从国库拨款给人民

如何做

如何看
生存之道

内心和平
其他人也是人：
像我自己一样有希望，
有需要，会担心，
会恐惧

内心交战
其他人都是物品：
障碍
媒介
无关紧要

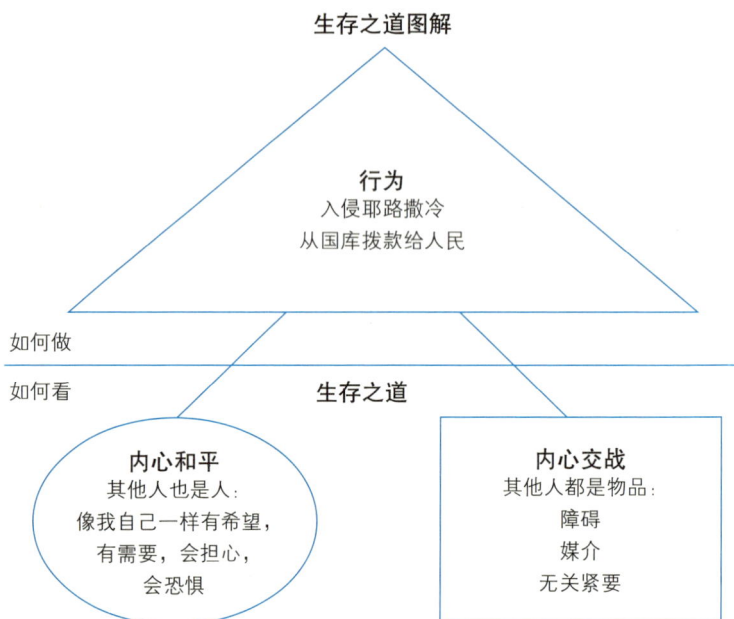

　　"想想吧，"阿维说着，转身面向大家，"萨拉丁的故事告诉我们，在我们的行为之下还有某种更深层的东西——那就是哲学家们称之为'生存之道'的东西，或者说就是我们对他人的态度。哲学家马丁·布伯[1]说过，无论在哪个时代，无论我们在做什么，我们的生存之道无非'我和物'或'我和你'两种。换句话说，我们要么把别人都视作物——比如说，障碍啊，媒介啊，或无关紧要的东西啊——要么就是把他们看作人。以萨拉丁的故事来说就是，夺走耶路撒冷其实有两条路：从人手中，

_____

1　德国哲学家，犹太人，著有代表作《我与你》。

或从物手中。"

"那又有谁在乎你夺取的方式呢?"卢脱口而出,忽然又感到自己已经准备好进行下一回合的较量了,"要是你必须要攻打,那你就去攻打。就是那么简单。一个士兵没有那么多奢侈的时间来考虑那个在长矛或枪筒后盯着他的人的性命。实际上,让他考虑这个问题对他来说就很危险。他可能会在需要开火的时候犹豫不定。"

这段话也让一直在皮提思心里盘旋的疑问清晰起来,"是的,卢,你的观点不错,"他说,"那么怎么办呢?"他问阿维。"卢担心士兵们会把敌人当作人来对待,这很有道理,不是吗?我也觉得这其中有点问题。"

"这似乎确实是个问题,是吗?"阿维同意道,"但对于萨拉丁来说,这是个问题吗?"

"是的,是个问题,"卢反击道,皮提思的支持增加了他的胆量,"他把他的敌人和耶路撒冷城里的富人都放走了,完全就是被他们占了便宜。"

"你觉得把别人视作人就是要让他们和富人一起离开?就是要让别人占我们的便宜?"阿维回应道。

"是的,看起来差不多,对,"卢回答,"至少,你说的似乎就是这么回事。"

"不对，他不是那个意思，"伊丽莎白不同意，"卢，你看看那个图表。行为在最上面，看待他人的两种方式在最下面。阿维是说，所有他写在行为区域的事 —— 比如说攻占耶路撒冷，或者用国库补贴人民 —— 都可以用内心和平或内心交战这两种方式来完成。"

"那谁又在乎你用了哪种方式呢？"卢重复道，"如果你需要攻占耶路撒冷，那就去攻占。谁在乎你是怎么攻占的？做就是了！"

阿维若有所思地看着卢。"科里在乎。"他说。

"哈？"

"科里在乎。"

"他在乎什么？"

"他在乎自己是被看成一个人还是一件物品。"

卢什么也没说。

"卢，把一个平等的人视作一件低人一等的物品是一种暴力。它就像被人一拳打在脸上一样让人受伤。其实，在很多方面它带来的伤害还要更大。淤青比心中的伤口愈合得更快。"

卢看起来像是想说点什么，但最后他还是没说，只是倚靠在椅子上，在心里为他儿子的事争辩着。

"耶路撒冷的居民们也在乎，"阿维继续说，"甚至，你自己也在乎，卢，"他补充说，"你在乎自己究竟是被当作一个人还是一件物品。其实，你比谁都更在乎这件事。"

"那你就太不了解我了，"卢反驳道，摇头表示不同意，"我一点都不在乎别人怎么看我。不信你问我妻子。"

阿维的话中让人悲哀的讽刺在这特殊的一天里显得极为贴切，但这并没有击败卢。在他旁边，卡罗尔的脸红了红，很明显没有准备好接受这样突然的注目。

阿维好脾气地笑了笑。"卢，其实我觉得你在乎。"

"那你就想错了。"

"也许吧，"阿维认可道，点了点头，"这也不是我第一次想错了。但是还有一点需要考虑：对于你来说，今天上午有没有人认可你的意见重要吗？"

卢想起了他之前还在希望伊丽莎白能够赞同他的观点，还有当皮提思认同他时他感到的那股子冲劲儿。

"如果重要，那你就是很在乎，"阿维继续说，"但是到最后，能回答这个问题的也只有你自己而已。"

卢感到一阵刺痛，仿佛一只脚或一条胳膊在沉睡已久后终于苏醒。

"生存之道一事在实际生活中很有价值，"阿维继续道，"首先，想象一下你们正身处困境——比如，正在进行一场艰难的谈判。你觉得谁更有可能在这样艰难的处境中谈成一笔交易呢，是把谈判对象视作物品的谈判者，还是把他们视作人的谈判者？"

这个问题激起了卢的兴趣，因为他自己也正在和工会谈判，但谈判结果却并不明朗。

"把他们视作人的谈判者，"皮提思回答道，"绝对是。"

"为什么？"

"因为不管你说的是谈判者还是其他人，大家都不喜欢跟混蛋打交道。他们肯定很快就会忍不住想戳瞎这些混蛋的双眼。"

阿维笑出了声。"确实是这样，对吧，"他同意道，"实际上，你有没有注意到，有时候哪怕会危及我们自己的位置，我们也会去攻击别人。"

这个问题把卢的思绪带回到了两周前的一次紧急会议上。那时凯特·斯特纳路德、杰克·泰勒、尼尔森·莫姆福德、科克·魏尔还有唐·先令——卢手下的六个主要主管中的五个——正站在查格茹公司会议室里的桌子旁，向卢抱怨着。他们告诉他，他们要离开公司，除非卢给他们更多自己安排工作的空间。他们说他管得太多，吹毛求疵，还说他是个控制狂。其中一人（杰克·泰勒，卢发誓自己永远也不会忘了他）甚至称卢是个暴君。

卢沉默地听完了他们的发言，甚至没有抬头看他们的脸一眼。但是他的内心却在燃烧。叛徒！他在心里咆哮着。无能、唠叨、忘恩负义的叛徒！

"那你们滚吧！"他最后吼道，"要是你们觉得这里的标准太高，你们最好赶紧走，因为标准是不会因为你们降低的！"

"我们说的不是工作标准，卢，"凯特恳求道，"我们说的是我们在工作中遇到的那种压迫感。比如说，你刚才提到的梯子那件事。"她说的是卢最近把一架梯子从销售小组的工作区域里挪走了，她想通过梯子在自己的部门里树立一种新的鼓励机制，但卢的做法象征性地削弱了此举的功效，"这是件小事，但它背后却自有深意。"

"只有对那些没法达到标准的人来说，公司才有压迫感，凯特，"他无视她详细的解释反驳道，"而且老实说，凯特，我也受够你了。"他倍感恶心地摇了摇头，"你在这儿能有今天的地位，全是因为我，现在看看你。"他噘起嘴唇，一副要是可以的话他巴不得朝他们每人吐一口唾沫的样子，"我本来对你的期望是很高的。

"所以滚吧！你们所有人。全给我滚！"

这段对话和它导致的人员倒戈在查格茹公司内部被称为"五月核爆"，查格茹因此在过去的两周内几乎暂停了所有的业务。卢很担心他公司的未来。

"在现实层面上说，"阿维继续说着，将卢拖回到了现实，"这种做法简直疯狂。但是我们还是会这么做。而且我们差不多是必须这么做。我们有时会将自己放在这么一个位置上，在那里我们强迫性地做一些会让我们的生活更加痛苦的事情——比如去刺激伴侣心中的怨恨感，或在孩子生气时煽风点火。但是我们还是会做。这就把我们带回到了生存之道为什么重要的第一点理由：当我们的内心在交战时，我们的眼睛也常会看不清。只有当我们的内心处于和平状态时，我们才有机会做出清醒的决定。"

卢一边回想着他对凯特及其他离开他的人做出的决定，一边思考着阿维的话。

"生存之道为什么如此重要，还有另一点原因，"阿维继续道，"让我们再想象一次谈判的场景。最成功的谈判员总是像了解自己一样，了解对方关心的事情和担心的事情。但是，谁会更有可能去如此深刻地考虑和了解另一方的想法呢——是把别人视作物品的人还是把他们看作人的人？"

"把他们看作人的人。"瑞亚答道。皮提思和其他大部分人都点头表示同意。

"我觉得瑞亚说得对，"阿维说，"那些内心在交战的人无法理解别人的抗议和挑战，所以也不能找到合适的方法应对他们。"

卢想到了他和工会谈判时的僵局。

"最后，"阿维说，"我还要再加上生存之道为什么重要的第三点原因。想想你们过去几年里和你们带到这儿来的孩子们的相处经历吧。你们有没有感到，哪怕你们已经尽力对他们好了，他们对你们的态度仍然不太公平？"

卢的思绪回到了他和科里两天前的一次交锋。"所以这是我的错了，是吧，爸？"科里语气讽刺地吼道，"你是伟大的卢·赫伯特，你可从来不会犯错的，是吧？"

"别那么幼稚。"卢还记得他的回答，他对自己在如此冒犯之下还能保持冷静而感到十分骄傲。

"有我这么个又是瘾君了又是小偷的儿子，你肯定觉得很丢人，是吧？"

卢那时什么也没说，他祝贺自己没有被这种挑衅影响。但当他想着这件事时，他却不得不承认科里是对的。卢非常为自己家的两个大孩子感到骄傲——玛丽今年 24 岁，是麻省理工学院的博士候选人；还有杰西，22 岁，正在卢的母校雪城大学读大四。和他们比起来，他确实觉得科里很丢人。这是真的。

"好吧，那我告诉你，爸爸，"科里继续说，讽刺地拉长了"爸爸"的音调来表示强调，"说实话，做卢·赫伯特的儿子简直就是身在活地狱。你知道被自己的父亲视作废物是什么感觉吗？

"对，我知道你在想什么，'但你就是个废物啊。'这句话我已经听你说了太多年了。我从来就比不上玛丽或者杰西。至少，对你来说是这样。我告诉你，在这方面，你没有妈妈好，也没有我认识的任何一个成年人好。你作为父亲，跟我作为儿子一样，也很失败。而且你在工作上也是个废物。不然凯特和其他人干吗要走！"

这次对话再次证明了一点，那就是文明地对待科里是不可能有结果的。无论卢朝他大吼还是一言不发，科里都不会尊重他。

"在这方面，我想向你们提一个建议，"阿维的声音将卢和其他人从自己的思绪中拉了回来，"可能你们一开始都会有点反感这个建议，尤其是在面对你们的孩子时。但是我还是得说：总的说来，我们在回应他人时，与其说是在回应他们的行为，不如说是在回应他们对待我们时的生存之道。也就是说，我们的孩子们更多的是在对我们对待他们的态度做出回应，而非针对我们的某句话或某个动作。比如说，我们可以公平地对待我们的孩子，但要是我们在做这件事时内心正在交战，那他们肯定完全不会觉得自己得到了公平对待。实际上，他们回应我们时的态度就像是我们没有公平地对待他们一样。"

阿维看着整个小组。"虽然行为十分重要，"他说，"但我们家里、工作上和这个世界上之所以会出现问题，大都不是因为战略上的失败，而是因为生存之道上的失败。我们之前也讨论过，内心在交战时，我们便无法认清当前的形势，也不能认真地思考他人的处境，所以无法解决问题，这样一来我们就会刺激他人做出伤害我们的行为。

"要是我们的问题很严重，那也是因为我们没能解决好最深层次的东西。而当我们无法解决这样的深层次问题时，我们就是在主动迎接失败。"

第五章　冲突模式的演化

"其实，"阿维说，"当我们的内心在交战时，我们不仅是在主动迎接失败，我们还是在自己创造失败。我给你们举个例子。

"有个周六，"他开始了讲述，"我大概在下午 5: 45 的样子回到了家，15 分钟以后就要去和一个朋友一起打网球。但问题是，我同时也已经答应我妻子汉娜去除草了。"

房间里响起几声了然的笑声。

"所以我就冲到车库里拿出了除草机，急匆匆地除完了事。接着我又跑回屋里换好打网球的衣服。我从汉娜身边跑向楼梯时嘟哝了一句要去和我的朋友保罗打网球。而就在我刚要爬上楼梯的时候，汉娜在背后问我了：'你准备给草坪修边吗？'我停了下来。'不用修边，'我说，'这次就算了吧。'

"'我觉得要修。'她说。

"'噢得了吧，'我反对道，'没人会从我们的房子旁边经过'，还说了一句'快看啊，玛姬，罗森家没有修边！''不可能！'但这丝毫没有动摇她的决心。所以我又说了一句，'而且我修边缘附近的部分时把除草机的轮子都推到水泥地上了。看上去挺好的。'

"'你说过你要除草的，'她说，'除草就包括了修边。'

"'不包括！'我反驳道，'除草就只是除草；修边就是修边。不是每次除草都得修边。简直荒唐。而且我现在打网球已经迟到了。你想让保罗等我吗？这是你想要的吗？'

"我觉得这一点压制住了她，但是她却说，'好吧，那我自己去修。'"

了然的笑声又回来了。"她用愧疚感绊了你一跤，是吧？"米格尔在这个早上第一次开口说话了，声音粗哑，很符合他的外形。但他的话好像没让他的妻子瑞亚有多高兴。

"正是，"阿维说，"我不想让她去修边，所以我告诉她也许我回来之后可以去修。说完我就带上球拍走了。

"我那天天黑以后才回家。我第一次打败了保罗，所以觉得挺开心的。我走到厨房里，打开冰箱，给自己倒了一大杯橙汁。正当我咕咚咕咚喝橙汁时，汉娜走了进来。我立马把杯子从嘴边放下，刚要说'我打赢了保罗'，她就问道，'你要去修边吗？'

“我的兴奋感立刻退却了，情绪马上又回到了几小时前经历的低谷中。

“‘难道你就在这儿坐了两个小时想我会不会去修边？’我不依不饶道，‘真可悲。’

“‘但你说过你回来就会去修边。’她回答道。

“我回击说：‘我说的是也许我会。但我那时不知道回来天都黑了。’

”‘但你说过你会。’

“‘你想让我眼瞎吗？’我反驳道，‘这就是你要的？外面天都黑了。我都用不着戴太阳镜。’

“‘那我去修。’她说。”

“妈的，让她修！”卢怒吼道，“要是她真有那么想修边，就让她自己做去。”

有几个人因为卢的话笑了，其中米格尔的声音尤其明显。卡罗尔噘起了嘴唇。

“我没有那么做，卢，”阿维回应说，“相反，我把头昂得高高的，深吸了一口气，然后说，‘好吧，我来修边，我来维持家庭的和谐。’然后我走到车库里推出‘吃草机’，花了整整两个小时修完了边。我要让她好好看看什么是修边！”

有几个人又因为这句话笑了。米格尔笑得太用力差点把自己噎住了。

"但是咱们想想,"阿维继续说,"当我回到家里时,你们觉得我去修边有没有维持我家的和谐?"

所有人都摇了摇头 —— 甚至卢也摇了头,虽然他自己几乎没意识到。

"这没能维持我家的和谐,原因很简单:我的心仍然在对汉娜开战。无论我有没有在修边,她似乎都同样小心眼、不体谅人、吹毛求疵、不讲理,而且还很冷漠。我的外在行为的改变并没有使我心中对她的感觉受到影响。恰恰相反,我花越多时间在一片漆黑中修边,心里对她就越怨恨。我那时因为看不清而弄坏了一小片篱笆,结果我竟感到了一种变态的满足感。这足以证明汉娜有多不讲理。

"你们也能想象,最后回到房子里时,我们对对方的怨气已经从我们说出的每个字、我们的每个眼神和手势中溢了出来。实际上,我们对对方甚至比之前还不客气 —— 顺便说一句,这让我感觉更不爽了。我冒着看不见的风险满足了她无理的要求,而她居然还在生我的气!我告诉自己,她至少应该表现出一点点感激之情吧。但是没有,她简直不可取悦!"

米格尔这时笑得咳了起来。他用他小桶般的拳头堵住嘴,试着平息这阵突然的爆发。

"怎么了，米格尔?"阿维问道。

他把手伸到前面，示意阿维稍等一会儿，让他先控制住自己。

阿维看着这个大块头努力想平息自己的笑声，自己也发出一阵大笑。

米格尔清了清喉咙，终于尖着嗓子说："不好意思，你讲的故事让我想起了一件事，就发生在两天前。"

瑞亚睁大了眼睛转过头看着他。

"那天晚上我得洗碗。我知道要是我不洗，瑞亚肯定会发飙，哪怕我第二天早上还得早起工作。"

卢微笑着想象这个大块头男人弯着腰在水池边勤勤恳恳洗碗的样子。

"然后，"米格尔继续说，"我洗完了以后，她走了进来，四处打量，想看看我究竟洗干净了没有。"

"我没有!"瑞亚反对道，情绪有点过于激动了。

"你有，你一直都这样。"

"我只是进来找点东西吃。"

"行吧，"他笑了，"原来你是想在水池里找这个? 吃的?"

这次轮到卢爆发出一阵笑声了。

瑞亚的脸开始涨成粉红色。"好吧，要是你真打扫干净了我也没必要这么做。"她回击道。

米格尔摇了摇头。

"米格尔,我觉得你提到这件事,"阿维插嘴道,"是因为你体会到了我们之前说的那种开战的感觉?"

"对,但是谁不会呢?是吧?她刚才自己也说了,"他边说边指着瑞亚,"她总是到处巡逻,看看我到底在干嘛。她从来都不会满意。"

卡罗尔在卢的身边动了动,"也许她不是在巡逻,米格尔。也许她只是不想再什么都得靠她自己来。"

卢吓了一跳,部分是因为他这时正觉得和米格尔惺惺相惜,部分是因为让别人为难实在太不像卡罗尔了。"米格尔怎么惹到你了,卡罗尔?"他问,"也许这位女士应该感到庆幸才对,她丈夫承担了全家的生计,还愿意洗碗。"

"噢,所以女人就没有分担全家的生计吗,卢?"说话的是那个卢在讨论开始前注意到的女人,她站在房间后面,还没有和卢正式见过面。她已经厌烦了卢控制谈话的局面,忍不住了。"包括事业上的负担?"她继续问,"你的意思是说,只有男人才明白那是什么吗?要真是这样,也许在你心里女人连名字都不配有。还有可能,我在你心里也许就只是那个黑女人,是这样吗?我们应该为自己能为你奉献一切而感到高兴吗?你家和你公司就是这么个情况吗？"

这次攻击让卢措手不及。他正要回击，阿维开口了。"开战的心灵，我们说的就是这个，"他说，"格温，卢，卡罗尔，米格尔，瑞亚，还有我们剩下的其他人——你们明白我说的什么意思了吗？我们究竟是如何看待对方的——是同盟？还是敌人？这就是开战的感觉。"

卢瞥了一眼攻击他的那位，她就坐在伊丽莎白的另一边。所以她的名字叫格温，卢记住了。

阿维顿了顿。"继续吧，看看四周吧，"他说，"我们看见的是人，还是物品？"

虽然阿维让大家看，但房间里的大部分人还是都避开了其他人的目光。

"当我们开始把别人视作物品时，"阿维继续道，"我们就是在激怒他们，来让自己的生活更加艰难。我们其实就是在邀请他人来作践我们的生活，就是在用我们口口声声说自己憎恨的东西来激怒别人。"

"此话怎讲？"卢问。

"你感觉不到吗？"阿维问道，"我们的感情是如何从心中流逝的，我们是如何开始在对方的身上激起怨言和憎恨的？"

卢不得不承认，他感觉到了。

"我和汉娜的故事也是如此，"他继续说，"我们画个图表吧，这样你们就能明白我的意思了。"

"首先，"他说，"汉娜让我去修边，是吧？而当我反对的时候，她便开始抱怨我，烦我。"他接着在白板上画出了这样一个图表：

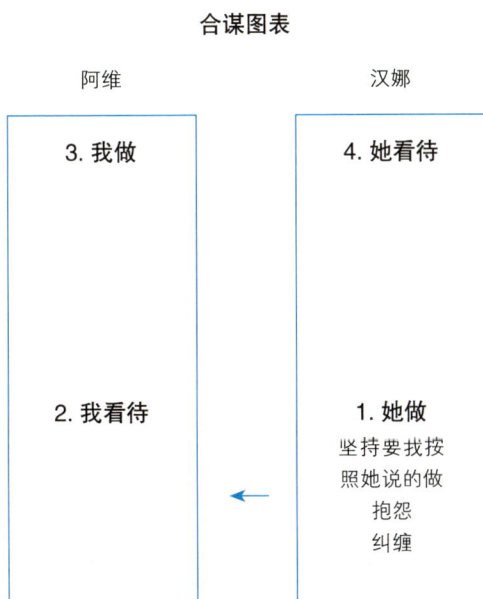

合谋图表

阿维	汉娜
3. 我做	4. 她看待
2. 我看待	1. 她做 坚持要找按照她说的做 抱怨 纠缠

"为什么要把它叫作合谋？"皮提思问道。

"这个过几分钟我们就知道了，"阿维回答说，"记着提醒我回答这个问题，行吗？"

皮提思点了点头。

"当汉娜叫我去修边的时候，"阿维继续说，"你们觉得我那时是怎么看待她的？"

"觉得她很挑剔，"米格尔回答，他瞥了一眼瑞亚，又加上一句，"还很不讲理。"

阿维在写着 2 的地方把米格尔的话记了下来。

"咱们还是直说吧，"卢说，"她太爱唠叨，就这么简单。我不是说她总是这样，汉娜可能是个很好的人。但就这件事来说，她其实完全可以自己去做，不再抱怨的。"

"好的，卢，"阿维咯咯地笑了，把"唠叨"二字写到了白板上，"那说我把她视作一件物品没错吧？"

"反正肯定把她视作了一个障碍。"卢回答。

阿维把这个也写了上去。

"那当我觉得汉娜唠叨之类的 —— 就像我们在 2 下面记下来的那样，我又是如何表现的呢？我做了什么呢？"

"你抗议了，"格温回答，"你觉得这不是非做不可的，你也这么跟她说了。我得说这样也挺幼稚的。"

阿维好脾气地露出了微笑："好的，谢谢你，格温。"

"噢，真的不用客气。"她说，声音里还带着几分尖刻。

"所以，我抗议了，"阿维重复道，把这加到了数字 3 下面的区域里，"我还做了什么？"

"我会说，你那时还想帮她更通情达理地看待这件事，"伊丽莎白说，"我不觉得你的表现很幼稚，"她又说，"你确实有点困扰，但是说不上幼稚。毕竟，虽然时间不够，你还是去除了草。你也只是想遵守你的约定而已。"

"对，他的约定，"格温说，"这就是重点。也许汉娜也有自己的计划呢。她想做的事情又怎么办呢？那就不重要吗？"

"好吧，格温，告诉我，"卢打岔道，"汉娜究竟能有什么计划，非得要阿维去给草坪修边不可，还非要在那时修？哪怕她真的有计划，那修边又和她的计划有什么关系呢？"

"哪怕她真有计划？"格温讽刺地重复了一遍，"卢，难道女人就不能有自己的计划吗？"

"当然能有，我说的不是这个意思。但是千万别把我列成你的计划，别试图控制我的生活，别因为我没有照你的要求做就做出一副我损害了你的公民权的样子。"

"所以你也是种族歧视。"格温一边回击，一边带着一副"我就知道"的表情点点头。

"'种族歧视'？你在说什么？女士，你究竟有什么问题？我对你做什么了？"

"格温，卢，"阿维的语气中带着恳求，"咱们打住吧。我们可能在很多事情上都有分歧，但是真正关键的是我们如何去做。

如果我们开始把对方视作物品，我们最后就会认为只要是对方说的自己都不能同意，而不再局限于某一件事。事情一旦发展到这步田地，我们就会以互相激怒收场，就像我和汉娜一样。别让自己陷入这个我们正试图去理解和避免的圈套里。"

这句话就像阿维几分钟之前的邀请那样，稍稍缓和了房间里的敌意。但是阿维知道这多少都只是烟雾弹。怒气——或更准确一点，战争——正在表面之下酝酿着，时刻都可能会席卷他们的思想和感情。

"咱们回到故事里。"他说。

合谋图表

阿维	汉娜
3. 我做 抗议 教她 不满地妥协	**4. 她看待**
2. 我看待 一件物品： 苛刻 不讲理 唠叨	**1. 她做** 坚持要我按照她说的做 抱怨 纠缠

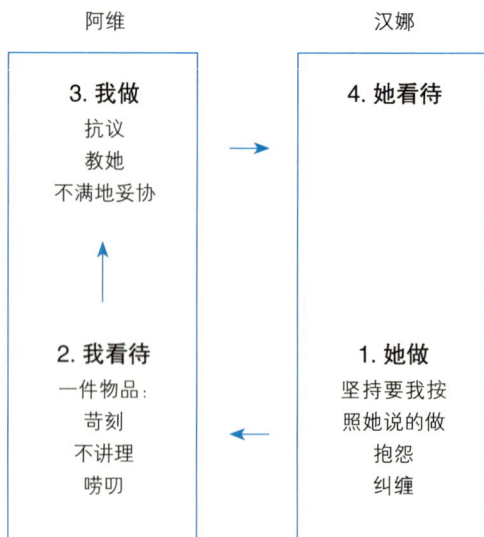

"所以我向汉娜抗议了。"他指着写着 3 的区域说，"然后我

试着教她，当然，之后我还是修了边。实际上，我修边的时候还是处于爆发的边缘，不是吗——我心里很不满？"

房间里的大部分人都点了点头。

"鉴于我的行为和我看待汉娜的方式，你们觉得汉娜又是如何看待我的呢？"

"觉得你自私。"格温回答。

"还不善解人意。"瑞亚说。

"还不成熟。"格温又加上一句。

"好的，好吧，谢谢。"阿维苦笑了一下，把这些评价都写到了区域4。"咱们来看看。"他说着，从白板旁退了下来。

合谋图表

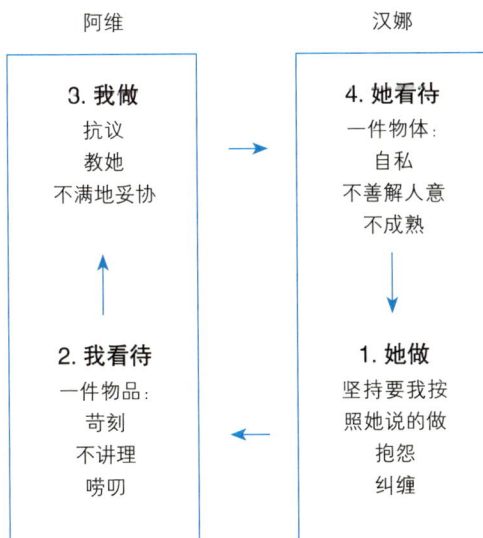

"要是汉娜像我们在数字 4 下面写的这样看我 —— 觉得我自私，不善解人意，还不成熟 —— 那她现在是更可能坚持让我按她说的做，在我不做的时候就抱怨呢，还是不太可能这样做？"

"更可能。"小组回答道。

"所以她就会做更多我们在数字 1 下面列出的事，也就是说，我也会做更多数字 3 下的事，更像数字 2 下那样看待她，然后她则同样会更多地像数字 4 和 1 那样表现！我们就会一直绕着这个圈子，刺激对方像我们抱怨的那样行动。"他顿了顿，让这句话充分沉淀。"想想吧，"他说，"结果我们都会在对方身上激发出我们声称自己最讨厌的特质！"

"但这简直不可理喻。"皮提思评价道。

"是的，皮提思，就是不可理喻。而这就是为什么我们会把它称作合谋，而非简单的冲突。"

皮提思想了想这个问题："我觉得我没完全懂这其中的区别。"

"'冲突'这个词是被动的，"阿维回答，"它指的是那些发生在我们身上的事，我们说的冲突很有可能只是因为一个误会。但其实很多冲突都不是这样的。就像我们刚才谈到的那种冲突一样，在很多冲突中，双方都是主动参与其中去激化矛盾的。在这种时候，我们并不是误会的被动受害者，而是误会的主动制造者。'合谋'比'冲突'更加准确地表现出了这其中主动参与的意味，所以我们用它来描述那种参与者主动激起他们本来在反抗的东西的情况。"阿维说完，又在白板上写下了下面这句话：

合谋：
参与者主动激起他们本来在反抗的东西的一种冲突。

"而且你说得对，"阿维继续说，"这不可理喻。但是这种不可理喻却在我们的生活中占了很大的部分。在闹矛盾的夫妻间和吵架的父母和子女间，互相竞争的同事间，甚至正在打仗的国家间，这种情况都存在，"阿维环顾了一圈小组，"刚刚在这个房间里发生的事也符合这种情况，不是吗？我们都开始刺激别人身上那些我们原本在谴责的特质。

"虽然不可理喻，这种人与人之间的内在暴力却很可能会控制我们的生活，还有我们在其中工作和生存的企业和国家。"

"其实，"他继续说道，"这种不可理喻总在试图主动去传播自己。

"我来讲讲它是如何做到的。"

第六章　恶化的敌我关系

"看看你的四周，"阿维再次请求道，"要是我们现在休息一下，你会想和谁待在一起，闲聊两句？来吧，"他邀请道，"看看四周。"

格温偷偷地看了看瑞亚和卡罗尔。米格尔很快瞄了一眼卢，但当卢看向他时，他却把眼睛挪开了。卢试探性地看了看伊丽莎白，但是她没有回应他。她似乎不想跟其他人搭伙。

"你又会想和他们谈什么呢？"阿维问道。

房间里一片沉默，但大家的眼神都在跳来跳去，阿维很清楚，小组成员们都在无声地回答他的问题。

"格温，"阿维打破了沉默，开口道，"我大胆地问一句，你最想和这个房间里的谁说话，你觉得你们又会谈些什么呢？"

"噢，我得说，应该是瑞亚，也有可能是卡罗尔。我们该谈什么？我想可能会谈谈她们的丈夫。"她回答时苦笑了一下。

"谈关于她们丈夫的什么？"阿维问。

"谈他们究竟是总是那么偏执呢，还是只有在公众场合才是如此。"

卢还没来得及回击，阿维就插嘴了。

"注意看看这里的情况，"阿维说，"格温会和瑞亚、卡罗尔说话。关于什么呢？关于她们每个人是如何遭受他人不公平或不正义的对待的。我们都会和自己的同盟待在一起——无论是真正的同盟，还是自己理解的，或是潜在的——这样我们才能感到自己对他人的控诉是合理的。

"而也是因为这样，冲突才会扩散。"

他给白板上的图表加上了一些小框，说道："就像这样。"

合谋图表

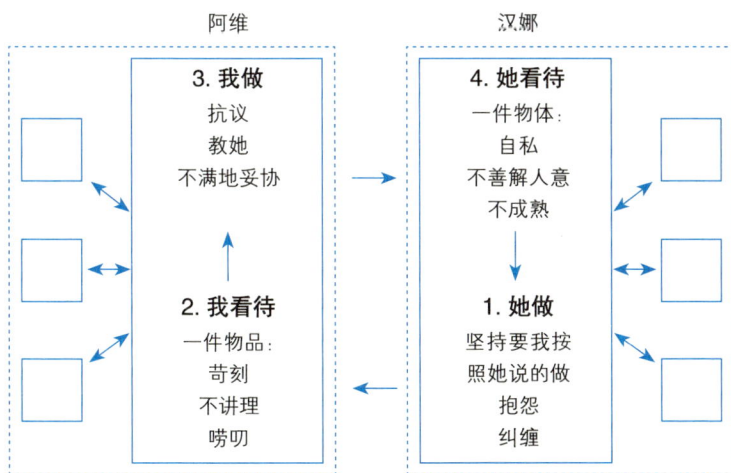

"所以，只要一个人开始把其他人拉到自己这边，这些一开始仅仅发生在两个人之间的冲突就会扩散为多人间的冲突。而每个人的行为又都会刺激另一方的人做出自己抱怨的那种事！我们也看到几分钟之前这个房间里发生的事情了。在我家里情况也是如此，我和汉娜都会想办法把孩子卷进纷争中。当汉娜要我做什么时，我会很明显地翻个白眼。当我觉得她对孩子们要求太严厉时，我也会对他们表示同情。我让我的孩子们也像我一样，感到自己受到了不公正的对待。"

"那真是有病。"格温说。

"是的，"阿维同意道，"确实是。"

"而且我下的赌注很高，"他继续说，"这和你们的公司很像——员工们用自己口中的故事招募同事和其他人，把公司分裂成互相交战的几方，一伙人不断地抱怨另一伙人，而这边也以同样的方式回敬。直到最后，你们的公司里挤满了这种把精力全花在制造冲突——也就是我们说的合谋——上的人，因此大家都无法专心于实现效益目标。"

"我说得对吗?"阿维强调性地问道。

虽然卢什么也没说，但他不得不承认自己在查格茹也清楚地看到了这样的模式。他也能看到自己和科里正在同样的圈子里打转。他对科里越严厉，科里就越要反抗，而科里越反抗，他就越要打压科里。卢没有像阿维那样翻白眼，但是他确实有通过向卡罗尔和其他人抱怨科里来为自己争取同盟。

"在我看来，好像很多世界级的冲突也是合谋，"伊丽莎白开口说，"比如说，在我们那片区域，北爱尔兰的冲突就是这样。两方都在主动邀请那些自己要反抗的东西。"

"以色列人和巴勒斯坦人的冲突也是如此。"阿维同意道。"实际上，"他继续说，"合谋这个词的定义也解释了为什么一场古代的个人纷争会在今天演变为对全世界的威胁。想想亚伯拉罕和他的儿子以撒和以实玛利的故事吧。他的两个儿子根据上帝在《圣经》中的旨意，成为两个民族的先祖——以撒是以色列人的先祖，以实玛利是阿拉伯人的先祖。正因为如此，这两个人才会在全世界的犹太人、基督徒和穆斯林心中占据如此特别的位置。

"一方面，犹太人和基督徒相信，以撒是被上帝选中的人，因此他和他的后代也被赐予了特殊的权利，其中就包括占有其土地的权利。他们相信上帝让亚伯拉罕献上以撒是在考验亚伯拉罕的信仰。根据《旧约》的说法，这次献祭应该在"摩利亚地"的山上举行——也就是今天的耶路撒冷。几世纪后，在耶路撒冷的一座公认为是此次献祭的举行地的山上，所罗门国王建了一座神庙，这座山就是我们口中的摩利亚山——摩利亚野营地的名字正是取自于此。而现在，这座山的顶部矗立着阿克萨清真寺建筑群，而这个建筑群原本是穆斯林第一次征服耶路撒冷时修建的，我们之前也谈到过这次战争。那座世界著名的圆顶清真寺就坐落在这个面积为1.4万平方米的建筑群内。

"而这又把我们引向了以实玛利。

"虽然《古兰经》没有告诉我们究竟是谁，但很多穆斯林都认为亚伯拉罕在摩利亚遵照上帝的意愿献上的不是以撒，而是以实玛利。穆斯林们还相信，以实玛利，而非以撒，才是被上帝选中的那个儿子。所以，他们也相信拥有土地的不是以撒，而是以实玛利。这样，我们对两兄弟的认识就产生了争议——一些人相信以撒是被选中的人，一些人则相信以实玛利才是被选中的那个。两方的后代都相信自己才拥有土地的占有权，才拥有正当的文化传统和先知亚伯拉罕最大的祝福。"

阿维指着那个"合谋图表"。"你们可以把我的名字换成以撒的名字，把汉娜的名字换成以实玛利，而这个图表代表的冲突仍然成立。这场纷争的双方都在刺激对方，让对方用自己最怨恨的方式对待自己。"

"但要是有一方的看法确实是对的呢，阿维？"卢打岔道，"你的意思说，哪怕有一方的说法明显是假的，冲突的双方也一样都是错的吗？"

"那这件事里哪一方的说法明显是假的呢，卢？"整个小组的人都转过了头。说话的是尤瑟夫，他一两分钟以前悄悄地走进了房间。

"这么说吧，尤瑟夫，"卢自我调整了一下，然后回答道，"我觉得你这方的说法是假的。"

"我这方？"

"对。"

"那我这方的说法是什么？"

卢立刻就后悔这么冒冒失失地开口了，这么一来他实在太容易被驳倒了。"嗯，我得说我并不知道你个人的观点究竟是什么，尤瑟夫，"他试图掩饰之前那句话留下的破绽，"我说的其实是你的同胞的看法。"

"噢？那我的同胞是指谁呢？"

"以实玛利的后裔，"卢努力做出一副事不关己的样子，回答道，"就是阿拉伯人。"

尤瑟夫点了点头。"类似的冲突还有一个特点，"他朝着白板做了一个手势说道，"那就是倾向于把他人妖魔化。做法之一就是把其他人全都贸然归进某个毫无生气的类别里 —— 比如说，偏执的白人，懒惰的黑人，愚不可及的美国人，傲慢的欧洲人，暴力的阿拉伯人，爱操控他人的犹太人等。当我们这么做时，我们就是在把很多陌生人视作物品，也是在把他们塑造为我们的敌人。"

"我没有把任何人塑造为我的敌人，尤瑟夫。我只是在指那些把我看作他们的敌人的人。"

"难道所有阿拉伯人都这么看？"尤瑟夫问，"而且他们还指名道姓地说了你，卢·赫伯特，是他们的敌人？"

一开始，这个问题给了卢当头一棒，但他很快靠到椅背上，眼中忽然重燃起了自信的火焰："你为什么一定要岔开话题？"

"我觉得我没有岔开话题，卢。"

"噢，你有，"卢反驳道，"你总是扯一些无关的问题来回答我的问题。你不愿意跟随我的问题的引导，所以你就在其他地方扯些有的没的。"

尤瑟夫什么也没说。

"告诉你吧，尤瑟夫。要是你回答了我的问题，我也会回答你的。"

"很公平，"尤瑟夫说，"那你想要我回答什么问题？"

第七章　正确的事和正确的方式

　　"好吧，首先，"卢开始说了，"我之前问你，要是一场冲突里一方正确而另一方错误，会有什么影响吗。所以我要再问一次，会有影响吗？"

　　"会，"尤瑟夫回答，"确实会有影响。但这影响不是你认为的那种。"

　　"你这是什么意思？"

　　"是这样，卢，"尤瑟夫谨慎地说，"和你发生冲突的人里，难道有谁认为自己是错的吗？"

　　卢想到了科里，又想到了和他会面的五个背叛的主管。

　　"没有，"他冷静地回答，"但这并不意味着他们就是对的。"

　　"确实，"尤瑟夫同意道，"但你看，只要所有人都觉得自己是对的，冲突就无法解决。只有当至少一方开始认为自己可能是错的时候，我们才有可能解决争端。"

"但要是我没错呢!"卢脱口而出。

"要是你没错,也许你就该思考一下你是不是搞错了。"

"你这是在说什么谜语?"

尤瑟夫露出一个微笑。"卢,这句话之所以像个谜语,是因为我们都不习惯去考虑我们的语言、行动和思维会带来的影响。阿维刚才也和你们讨论过了,无论是征服耶路撒冷还是采取其他任何的计划或行动,都存在两种方式。也就是说,哪怕征服耶路撒冷是最合适的 —— 甚至是对的,我也有可能会犯错。要是我不去考虑我在更深的层面上也许是错的,那我也许一辈子都会认为自己在某次冲突中是对的,但这样一来我也不会找到长久的解决方法。

"从最深的层次上看我们是对是错,"他继续说,"就是我们对待他人的生存之道。也许表面上看我是对的 —— 无论是我的行为还是我的立场 —— 但我的生存之道却可能是完全错误的。比如说,我可能会冲着我的孩子们咆哮,告诉他们做家务有多重要,这当然是对的,但是,你们觉得当我在咆哮,当我的内心在交战时,我可以让他们来帮我,可以和他们合作吗?"

卢又想到了科里,他发现这两年想要和他心平气和地说两句话简直太难了。

"所以,卢,"尤瑟夫继续说,"当你和其他人发生冲突时,哪怕你真的觉得你的立场是对的，你能说自己对待别人的生存之道是对的吗？你能说，哪怕你不同意他们的观点，你也没有把他们当作物品，而是当作人，而且你的内心也因此感到和平而非在对他们宣战吗？"

卢仍然沉默着，在椅子里稍稍动了动。他知道这个问题的答案对于这个房间里的每个人来说都是显而易见的。不仅他没有以和平的内心来对待他人，其他人似乎也常常迷失在这种人际战争中。

这个想法再次把他带回到了从前的记忆中。

卢在纽约的雅典镇长大，那是一个坐落于哈德森河畔的小镇，位于曼哈顿往北 200 公里处，风景如画。他的父亲是种苹果的农夫，一周七天每天都日出而作日落而息，但也只能勉强糊口。他们住在一座白色隔板建的农庄里，房子建于内战时期，离哈德森河的西岸只有 50 米。他们的农场不大，大概 10 英亩[1]，但却是格林郡最漂亮的一块地，占据着一个延伸到哈德森河里的半岛。在农庄的最顶层可以看到西边高耸于树巅之上的卡特斯基尔山脉。周围的景色实在太美，卢的父亲一直不愿意离开，哪怕他本可以在其他地方开辟更大的产业。

在卢的整个青春期里，他们全家只拥有一辆车——一辆

1　1 英亩 ≈ 4046.85 平方米。

1942 年出产的红色农场货车，装货的平板上还配了一块 1.2 米高的木制隔层。这辆货车的咳嗽声和它蹒跚而行的样子都像极了一个 90 岁的"老烟枪"。卢在成长的过程中一直以为那条路最多只能过两排车，因为他父亲总是得把车靠到几乎压到路边草坪的地方才能和其他车错开。

正因如此，赫伯特家终于买了新车才绝不是一件小事。卢那时十六岁，迫不及待地想向镇上的朋友炫耀这辆车。就在他父亲把车开回来的第二天，卢问他能不能让自己开车去办点事。卢的父亲察觉到了他的激动，于是很乐意地同意了。

卢跑到车道上发动了汽车。引擎传来的低低的轰鸣声让他兴奋不已，他满怀期待地踩下了油门。这时他突然想起来，他把钱包落在房里了，于是他跑回去取。但就在他从屋里跑出来时，他惊恐地发现那辆车不见了！卢回想起了自己当时的慌张，那时他产生了一个恐怖的念头：车也许是顺着坡滑下车道后掉进了哈德森河。

"难道我没有把车调回停车挡?"卢当时一边跑下车道一边在脑中嘶喊着。"难道我没有放下手刹?"

转过一个弯道以后，一切都清楚了。坡上还留着两道径直通向河里的新鲜轮胎印。卢冲到陡坡边，隔着 6 米高度往下张望。他一动不动地看着河水一点点把车吞没，直至它完全消失。

卢记得自己当时麻木地走回到了家里，心里想着自己该如何把这个消息告诉父亲。他走进农庄，看见他父亲正背对着他坐在他最喜欢的那把摇椅里。他正在看报纸。有那么一会儿，卢想就这么安静地离开，逃跑的念头在他的头脑中翻涌着。

"忘东西了？"他的父亲问道，没有回头。

"没有。"卢回答，感到自己已经没有退路了。这下无法再回避了，他父亲已经知道他在房里了。无处可躲了。

"爸，"他声音嘶哑地说，"我——"他说不下去了，"我——"他大口喘着气，寻找着述说真相的勇气。

"爸，我——车——"他结结巴巴地说，胸膛剧烈地起伏着。"我觉得我忘了放刹车，"他脱口而出，"它掉进河里了，爸。车掉到河里了！对不起！"他说着，开始啜泣起来。"对不起！"

接下来发生的事情牢牢地印在了卢的记忆里，他确定哪怕有一天他得了阿尔兹海默病或其他病，这段回忆也会是他最后一件遗忘的事。

他记得自己当时正颤抖地等待着他父亲的回答。他父亲没有转身，甚至面前仍然摊着报纸。他缓缓地伸出手捏住右边那页报纸的顶端，翻了个页继续读着。然后他说了一句卢永远也不会忘记的话。他说："好吧，那我想你只好去把卡车弄回来了。"

卢回忆起这段往事时再次感到了震撼。他父亲没有斥责他，没有教训他，甚至没有表现出明显的怒气。他只是说了一句："好吧，那我想你只好去把卡车弄回来了。"

卢意识到，在那一刻，父亲的内心在对待自己时是和平的。那和平如此有力，甚至不会被突然失去爱车这样的大事所打扰。也许他父亲知道，卢绝不会再做出把车开到河里这样的事了。也许那一刻他明白教训他一顿也没有什么用，而且这样的教训只会再次伤害他已经受伤的儿子。

已经受伤的儿子。卢思考着这个念头。他也这么想过，但他却几乎做不到不去教训他儿子。"我究竟是怎么了？"他默默地想着，"为什么我总是那么快就对他人开战？"

"尤瑟夫，我见过他这样表现的时候。"卡罗尔说道，她的声音把卢从自己的疑问中拖了回来。"我见过卢内心和平的时候。而且是很多次。"

卢转向她，又惊讶又感激地微微张开了嘴巴。

"卢也有温暖又乐于助人的一面——虽然你们今天看到的都是他的另一面。"她抱歉地补充道。停顿了一会儿后，她说："我能给大家讲个故事吗？"

"请讲。"尤瑟夫点点头。

"讲之前，"她说道，"我得先向你道个歉，米格尔。我之前说什么事都是瑞亚在做，是我太不友善了。我不够理解你们，说得太冒昧。很抱歉。希望你能原谅我。"

米格尔清了清喉咙。"不用担心，"他露出一个微笑，"都忘了吧。"

"谢谢，"卡罗尔说，"我很抱歉。"

她转身面向大家。"好，现在开始讲故事，"她继续说，"这对我来说并不容易。除了卢和另一个我不方便透露的人，我从未跟任何人说过这个故事。但是我觉得，听听这个故事也许会对你们——对这里的所有人——有所帮助。"

"我们结婚之后很多年，"她继续说，"我都一直藏着一个秘密。我有暴食症，为此我很羞耻。我不想让卢失望，也不想冒险失去他或者他的爱，所以我从没有告诉过他。但那时发生了一件事，让我突然醒悟过来，意识到我也许是在自杀——不仅仅是在感情上或精神上，在生理上也是如此。在很长一段时间里我都身心俱疲，最后终于因此去看了医生。她给我做了很多检查，然后直截了当地问我是否饮食紊乱。一开始我否认了，但是当她给我看检查结果然后告诉我，我的身体正在逐渐崩溃，我的健康甚至生命都危在旦夕时，我终于说服了我自己。我一边哭一边告诉了她真相。

"但接下来才是最困难的部分。我知道我必须告诉卢，因为这个问题已经不仅仅只是什么小病小痛了。我需要他的帮助，而且哪怕我不说，这种每天都要面对的事情也瞒不过他。所以我告诉了他，非常担心这也许会是我们婚姻的终结。

"但事实不是这样。我觉得他因为我瞒着他而有些受伤，但他没有在这个问题上过多纠结。至少，我知道的情况是这样。他对我的关心来得及时又猛烈。我一生中从没像在那一刻和之后的几个月里感激他一样感激过任何人。我们说好我每晚都向他报告我这一天过得怎么样。有很多天我都只能告诉他我没做好。但是不管做没做好，他都会温柔地抚摸我的背直到我睡着。正是因为他温柔的爱抚和他毫无成见的倾听，我的强迫症才终于离开了我。从那时起，我甚至连一次病都没有犯过，而这已经过去很多年了。"

就在卡罗尔分享她的故事时，房间里的气氛渐渐改变了。卢那张大半个上午都布满了尖刻和不耐烦的脸柔和了下来。卡罗尔自己似乎也建立起了某种确信和自信，逐渐恢复了生机。最终，格温——卢此刻最有力的敌人——也终于在这个小时里第一次放松下来。她脸上和肢体上的紧张渐渐褪去，身子前倾，表现出了兴趣而非挑衅。伊丽莎白似乎也换上了不同的情绪，她先前那副无动于衷的样子终于让步于专心致志。她专注地听着卡罗尔说话。

"无论怎样，"卡罗尔总结道，"我觉得分享这个故事可能对我们都有帮助。他这个人确实远远谈不上完美，"她说着露出一个浅浅的微笑，"但他的本质是好的。这也是为什么我会嫁给他，而且仍然为此感到庆幸，即使我们有时也会给对方带来挑战。"

卢的头往下垂了一点。有人也许会认为他厌倦了这样的注视，而这最后的感情流露也不太对他的胃口。实际上，他有些羞愧。他清楚地记得卡罗尔提到的那段经历，但他知道自己远没有达到那样理想的高度。

"谢谢你的分享，卡罗尔，"尤瑟夫说，"这是个精彩的故事，谢谢你。"

卡罗尔点点头。

"格温，"他继续说，"我很好奇，你听完这个故事后有什么想法？"

格温被这个问题打了个措手不及，她整理了一下思绪才开口回答："我不太确定你是什么意思。"

"这个故事有没有影响你对卢的印象？"

格温想了一会儿："我觉得应该有，是的。"

"伊丽莎白呢？"尤瑟夫问道，"你呢？这个故事影响你了吗?"

伊丽莎白的视线在卢身上停留了一会儿,然后才开口。"是的,有影响。"她说。

"什么样的影响?"

她又看向尤瑟夫。"它让我想起了一个人。"她用柔和的声音说道,但没有再继续说下去。

"那你们俩现在觉得卢今天所说的一切都是对的吗?"

"不。"格温立刻说道,但是口吻中没有了之前那种尖刻。

"噢,我也没觉得卢说的都是错的,"伊丽莎白说,"我想我就是觉得他很有意思,咱们还是这么说吧。"

"我觉得我宁愿自己是错的。"卢开玩笑说。

"好吧,你也没有完全对。"她说。

"这样好多了。"卢笑说。

"那你呢,卢?"尤瑟夫又问道,"比如,你会觉得格温是对的,而你是错的吗?"

"不,先生。"每个人都对这句话中的正式感到了一点惊讶,包括卢自己。

"但你觉得谁会更容易解决你们二人之间的分歧呢,是现在的你们,还是 30 分钟之前的你们?"

二人迅速地瞥了一眼对方。"我觉得是现在的我们。"卢回答。

格温同意地点点头。

"那你觉得为什么会这样呢?"尤瑟夫问道,"你们仍然不同意对方的观点,那为什么你们会觉得现在的你们更容易找到解决的办法?"

皮提思开口了:"这就是你和阿维一直在说的那个关键——我觉得卡罗尔的故事让卢成为一个完整的人。还有,我也说不清,可能对于卢来说,和我们一起听这个故事也让我们小组里的其他人成为完整的人。用你的话来说就是,和之前比起来,我们心中把这里的其他成员看作人的程度更高了。"

"是的,"尤瑟夫同意道,"而这似乎也改变了我们,是吧?"

皮提思和房间里的其他人都点了点头。

"所以,如果我们要为艰难的冲突或我们身处的外部战争找到一个长久的解决方法,"尤瑟夫说,"我们首先要想办法,让自己脱离那种毒害着我们的思想、感受和对待他人的态度的内部战争。如果我们无法制止心中的暴力,我们就无法制止外部的暴力。"

"那应该怎么做呢?"皮提思问道。

"要想提高我们的和平程度,"尤瑟夫回答道,"我们先得明白我们是怎样开始战争的,我们又为什么会这么做。但现在已经过了午饭时间了。"

房间里的每个人几乎同时看了看表。他们都被时光的飞逝吓了一跳。

"咱们现在先解散去吃饭，然后下午两点再在这里集合吧。到时我们再讨论我们的内心是如何从和平转向开战的。可以吗？"

每个人都点了点头。

"你们离开前，我再说最后一件事。到了外面，我希望你们把遇见的每个人都看作人 —— 你们车上的司机，你们去的餐厅的服务员，你们的伴侣或和你们一起来的搭档等。记住，在接下来的 90 分钟里要把人们都看作人，然后咱们再看看会发生什么。行吗？"

正在陆续站起身的小组成员们都点了点头。

"噢，还有特里和卡尔，"尤瑟夫唤道，"我能跟你们谈谈吗？"

卢离开房间的时候听见尤瑟夫对他们说："你们的女儿珍妮 ——"

"怎么了？"

"她跑了。"

第二部分

从和平到战争

第八章　现实和理智

"卡罗尔，你听见了吗?"卢在停车场追上了卡罗尔，问道。"那个姑娘，珍妮——就是今天早上一直在大叫那个——她跑了。"

"跑到哪儿了?"

"这儿，在街上。她就在城里乱跑。"

卡罗尔停了下来。"怎么这样，"她望向街上，"这姑娘真可怜，连鞋都没穿。你觉得我们是不是也该去找找她?"

"尤瑟夫和他的团队能搞定的。"卢说。

在这之前，卡罗尔会觉得这是一句讽刺，但现在她觉得她从卢的声音里听出了一丝尊敬。

卢看了一眼手表:"卡罗尔，我现在得打几个电话。"

"现在?"

"对。公司里现在可以说是一地鸡毛。我得跟几个人打听一下情况。"

"你不能晚点再打吗?"

"到咱们下午出来的时候他们可能已经回家了。我现在就得打。"

"你以前可从来不会觉得周五晚上往他们家里打电话有什么不好的,"她明知故问,"现在是怎么了?"

卢知道卡罗尔这句话什么意思,但他不想让她得逞,不想让她知道自己确实正在想着阿维和尤瑟夫说的话。他没有直接回答她的问题,只是说:"情况允许的话我也不想给他们家里打电话。尤其是现在,大家都挺不好过的,我也不想再给他们增加负担。"

"好吧,"卡罗尔说,"那我给你带点吃的回来。"

"谢谢。"卢说着,开始寻找一个稍微隐蔽一点的位置来打电话。

他知道他第一个要打电话的人是谁:他的秘书。但是他打过去却被转到了语音信箱。"她去哪儿了?"他还没回过神来便想。

"请留言。"电话中传来一个悦耳的声音。

"苏珊,是我,卢。就是想问问情况怎么样。我晚点再给你打吧。"这时他忽然想起自己昨天离开办公室时怒气冲冲的样子，觉得有一点后悔。"噢，还有件事，"他发现自己还在继续说，"那个，呃——"他犹豫了一下，"不好意思，昨天出城的时候对你发火了。我不是有意的，真的。最近的事情让我很有压力，结果把你当成了出气筒。所以，不好意思。那个，就这样吧。奋力坚持。"

"奋力坚持？"卢挂了电话以后又重复了一遍。你就不能说句好听的？"奋力坚持？"卢摇了摇头。哇，还真是一朝去越南，一生永相伴。

除了对自己无法摆脱军旅生活带来的影响感到一丝懊恼外，卢很高兴自己给苏珊打了这个电话。

但第二个电话将会艰难很多。这个电话是打给凯特的——凯特·斯特纳路德，就是那个带头背叛他的主管。

凯特是杳格茹公司最开始的 20 个元老员工之一，她当时刚从历史系毕业，在公司担任订单执行文书。结果证明她是一个极为优秀的新人，既有头脑，又有人缘，在事业上还很有追求，这一切都让她平步青云，升入销售部的顶层。虽然她还年轻，但就在"五月核爆"之前，人人都觉得她会是卢的接班人——要是他在什么时候决定退休的话。对她的钟爱部分也是源于无奈，毕竟就这么一个人既有运营公司的商业触觉，头脑又灵活，而且她对身边的人无论阶层和职位高低，都十分尊重。当她作为查格茹的经理之一每天早上走进公司大门时，她走路、聊天、打招呼、大笑的样子仍然和刚被雇用时一模一样。她没把自己当什么大人物，而是把自己看作公司的一员。而人们则因此而爱她。

所以，当她在康涅狄格州五月里那个阴雨纷纷的上午，被奉卢之命"陪同"她离开的愧疚的保安护送出公司大楼时，公司的心脏和灵魂似乎也随着她走了出去。卢清楚这一点，虽然直到现在他还在试图否认她的离开带来的影响。但是事实就是，她的离开使公司受到的伤害，比其他四个主管加起来还要多。甚至，比卢自己离开还要更严重。

他必须给她打电话。"但我该说什么？"他想着。

他站在那里，感到了一种笨拙的不确定，仿佛又成了一个给女孩子打电话约她出来还需要给自己打气的少年。

"啊，去他的，打吧！"他在内心大喊，将自己从青少年般的羞涩中拯救出来。

他拨出了号码，等待着：响了一声，接着两声，三声，四声。

随着每一次铃响，他都感到那种青涩的慌乱在心中卷土重来，直到他告诉自己，要是响了六声她还不接电话，他就挂掉。

他还没等到六声就挂了电话，眉毛上因为突然的放松而沁出几滴汗水。"嗯，我试过了，"他对自己说，"我之后会给她打电话的。"

但他剧烈的心跳告诉他，也许在接下来的这段时间里他都再难重燃给她打电话的勇气了。甚至可能永远不会了。

现在该做点实事了，他对自己说着，拨通了约翰·莱切的电话。他是当地工会的主席，曾威胁卢要组织罢工。

"喂？"声音响起。

"约翰。"这句话更像是在让对方注意听，而非打招呼。

"对。"

"我是卢·赫伯特。"

一片安静。

这时卢想起了尤瑟夫布置的把每个人都视作人的任务。

"嘿，是这样，约翰，"他用尽量友好的声音说，"我在想我回来以后咱们能不能出来坐坐，然后再商量一下你的建议。"

"你自己商量吧，"莱切回敬道，"你都花了一周时间了。"

"我只是觉得，要是我们能谈谈，也许我们能更进一步。"卢回应说，仍然尽量维持着风度。

"所以你还想从我们这儿得到更多好处。"

"不管怎样这都是可以商量的。"

"不，卢，这是最后通牒。你不满足我们的要求，我们就会让你停工。你压榨我们的人太久了。我们要个了结，卢。"

"你给我听着，你个杂种，"卢爆发了，"你可以带着你那些整天就会盯着时间什么也做不了的笨蛋去别家公司捣乱。但你要是搞罢工，你在查格茹就完了。工会的人再也不可能走进我的大门。明白?"

"明白?"他重复了一遍。

"我说，你明白了吧!"

但电话占线了。莱切挂了电话。

卢一边挂电话一边挫败地朝着墙低吼。"什么蠢作业。"他嘟哝着。"把人看成人。"他用唱歌的调子嘲讽地重复这句话。"真是个笑话。尤瑟夫一天也没在真实的世界里工作过。他懂个屁! 行吧，继续吧，尤西，"他对着空气奚落道，"有种对着工会使你那些软招。对，那肯定有用。还有对恐怖分子也是。还有科里。当然，他们感受到一点你的'中东之爱'就会乖乖在地上打滚，对着你喘气儿。""中东之爱"这个词中的矛盾让他笑了笑又摇了摇头，一半出于怒气，一半出于反感。"真是浪费时间。这整件事就是在浪费时间。"

卡罗尔吃完午餐回来时手里拿了一个给卢带的打包盒。卢在她还没走进楼里时便拦住了她。

"卡罗尔，我们走。"

"什么?"她惊讶地问。

"你听见我说的话了，我们走。"

"走?"她不可置信地重复了一遍，"为什么?"

"因为这就是在浪费时间，而我没有时间可以浪费。"

卡罗尔小心地看着他:"你打电话的时候发生了什么，卢?"

"什么也没发生。"

"说真的，卢，怎么回事?"

"好吧，你要是真的那么想知道。那我就告诉你。我被拉回了现实，就是这么回事。有人让我恢复了理智。来吧，咱们走。"

说着，卢开始朝着汽车走去。

但是卡罗尔没动。

"卡罗尔，我说了，我们走。"

"我知道你说了什么，但是我不同意。这次我不同意，卢。代价太高了。"

"你还真说对了，代价太高，卡罗尔。这就是为什么我们必须走。"

"不，卢，这就是为什么我们必须留下。你担心的代价，不管它究竟是什么，它之所以太高，就是因为我们对自己正要在这里学到的一切充耳不闻。我不会走的，卢。"

"行吧，那你按你的意思办，卡罗尔，"他说着，朝她挥了挥手表示她可以走了，"我自己走。"

卡罗尔一言不发地站着。她在这整个上午建立起的希望正在慢慢流失。"把他看作一个人，把他看作一个人，"她在心里重复道，"你一定得把他看作一个人。"

"卢——"

他停下来向她转过身："什么？"

"要是你离开这里，亲爱的，"她说，"我就离开你。"

"你就什么？"

就在这时，卡罗尔忽然意识到自己有多爱这个男人。虽然他好斗，但她心里其实并没有生他的气。而他的刚愎自用也没有磨灭她美好的回忆，让她忘记他为她和别人做的一切。他当然不是个圣人，但他——尤其是在那些占据了生命的大多数时光的私密时刻——也曾像圣人那样在乎过，爱过，行动过。和她认识的大多数人不同，他在私下里其实比在短暂地出现在公众场合时更好。而对她来说，正是他身上这种长于私下、短于明面的烙印显示出了他有多好、多具有个性，让他远强于那些用圆滑的公众表现遮掩私人短处的人。"是的，"她在心里想，"要是我们有机会能再来一次，我还是会接受他。"

所以，她很惊讶自己会再次说道："我会离开你，卢。我说真的。"

卢在完全的沉默中站了一会儿。他身上的每块肌肉都僵硬了，仿佛动一下就会带来不可承担的后果。

"卡罗尔，"他终于开口，几乎是在恳求她了，"你不是认真的吧。"

卡罗尔轻轻点了点头："是的，卢，恐怕我是认真的。"

"别误会，"她加上一句，"我不想离开你。但我会的。"

这让卢完全乱了阵脚。

"听着，卢，我觉得我们真的需要留下来。我觉得科里需要我们留下来。而且我觉得为了他也为了我们彼此，我们也得留下来。而你，为了查格茹也应该这么做，"她补充道，"也为了凯特。"

凯特的名字击中了卢，他又想起了自己给她打电话时的感觉，而那似乎已经过去很久了。

他垂下肩膀，然后重重地叹了口气。

"好吧，卡罗尔，"他沉重地说，"你赢了。我会留下。"

然后他顿了顿："但是只待到今晚。"

第九章　一个想法的开端

　　卢吃了一点卡罗尔带回来的墨西哥菜，小组成员们这时也陆续回到了房间里。众人之间的气氛比一开始大家互相试探时轻松了一些。今天早上频繁的交锋所带来的紧张感也已褪去。格温正在和米格尔投入地聊着什么，似乎非常享受这段对话。伊丽莎白和卡罗尔则正在房间后面一起翻阅着一本摩利亚野营地的宣传册。

　　这时，皮提思从后面走到了卢身边。

　　"那么，卢，"他说道，仿佛要和他继续之前的某段对话一样，"在越南待了四年。"

　　卢点了点头。

　　"向你致敬，我的朋友。我也在那儿，不过在丛林上空飞行和在丛林里面战斗完全是两回事。我明白的。"

　　卢赞同地点了点头。在和平时期，飞行员总以为自己比地上的所谓"大兵"要优越。地上的步兵也总觉得自己真的低人一等，虽然他们自己从来都没承认过。但是到了战争时期，这种心理就变了。那些在天空中翱翔的飞行员很快便会对他们在地上的兄弟们心生敬仰，而地上的士兵虽然在听见头上传来己方飞机的轰鸣声时也会感激他们的掩护，但要是被逼急了，他们也会告诉你，那些飞机上的公子哥儿从来没有真的弄脏过他们的制服，也没有近距离地接触过敌人的枪口，他们不懂什么才是真正的勇敢——或恐惧。无论是在越南还是在其他地方，步兵都能得到比其他士兵更多的赞赏和尊敬。

"谢谢，皮提思。能遇见曾经的战友真是太好了。告诉我，"他继续说，"你在得克萨斯做什么？"

过了大概五分钟，阿维和尤瑟夫走进了房间，包括卢和皮提思在内的所有人都坐到了座位上。卢望向珍妮的父母，他们看上去似乎还好，卢想到他们的处境，感到有点惊讶。

"欢迎回来，"阿维向他们打招呼道，"在咱们继续谈下去之前，大家有任何问题都可以提出来。"

卢的手一下举了起来——这是他第一次没有直接说出自己的想法："珍妮怎么样了？"

"珍妮没事，"尤瑟夫回答道，"你们之中的一些人也知道，"他继续说，"在我们今天早上开始之后不久，珍妮就跑了。"

"那你抓到她了吗?"卢追问道。

"其实,卢,我们并没有想抓住她,"尤瑟夫回答,"这个项目全凭自愿,所以我们不会强迫任何人加入。但是我们会保证她的安全,而且我们会想办法尽量去鼓励她,让她选择加入我们。"

卢有点疑惑:"所以你们究竟会怎么做?"

"我的意思是我们的工作人员会跟着她,跟她谈一些有意义的事情,而且她可能会需要补给,我们也会派一辆补给卡车远远地跟在她后面不让她看到。一切都会好的,"他露出一个微笑,"还有其他问题吗?"

卢再次举起了手。

"这个所谓的'把人看作人或看作物品'的区别,"他的声音里带着一丝不屑,"究竟是怎么来的?"

阿维先开口了。"它来自于我们对哲学的探索,"他说,"也许给大家介绍一下它的概况能帮助你们理解它。"他看向尤瑟夫,后者点了点头。

阿维转而面向小组。"我本来不想跟大家讲哲学,"他说着露出一个歉意的笑容,"尤其不愿意吃完午饭后的第一个话题就是哲学。但是我现在要试一试,讲个一两分钟吧。如果你们确定自己不需要哲学讲解,那还请各位把耳朵堵上一分钟。"他环顾了一圈房间："你们都知道勒内·笛卡儿这个哲学家吗？"

"他作为哲学家还不赖——当然是对于法国人而言。"伊丽莎白笑了。她的双手不再紧握在一起，而是整个人都舒适地倚在座位上。

"确实不赖。"阿维也笑了。他转向剩下的其他人，继续说下去。"笛卡儿是近代哲学之父，他希望能用他的哲学理论解释一切存在，十分有野心，到今天仍然为人所知。他的基本思想可用一句名言概括，Gogito ergo sum——或者说，'我思故我在'。"

房间里的大多数人都很熟悉这句话。

"你们也能看出来，笛卡儿的哲学起点包含了很多假设，"阿维继续说，"而其中最大的假设就在于对独立的人类意识之重要性的肯定　　也就是笛卡儿所说的'我'。

"自笛卡儿以来的几百年里，许多哲学家都对由笛卡儿引起的近代哲学争论，尤其是奠定了笛卡儿著作基础的个人中心假设，产生过质疑。这些哲学家中有一个人名叫马丁·海德格尔。如果他和笛卡儿生在同一个时代，他也许会问他这个问题：'勒内，告诉我——你究竟是从哪里提炼出这样的语言，组成了那句"我思故我在"的？'"

阿维环视了一圈成员们，让大家充分品味这句话。"当然，"

他继续说，"笛卡儿是从其他人那里得到这句话和思考它的能力的。也就是说，他并不仅仅只是从一个独立存在的'我'这里得到的这个想法。

"想想这对笛卡儿理论的影响吧，"他继续说道，"它印证了一个残酷的现实——那就是和他人共存于世的现实。笛卡儿能够假定一个独立存在的自我是最根本的存在，完全是因为他在一个和他人共存的世界上习得了语言。"

"啊，"伊丽莎白打岔道，"所以，和他人共存于世，而非有一个独立存在的自我的想法，才是最根本的。你的话是这个意思吗？"

"正是如此，"阿维同意道，"驳倒笛卡儿最根本的假设的，正是那些使他能够表述这个假设的条件。所以，海德格尔，还有其他人，"他继续说，"攻击了个人主义，并由此将哲学世界的中心从独立存在的自我转移到了和他人共处的思考上。

"和海德格尔同时代的人里有一个叫作马丁·布伯，今天上午我也提到过他，他认同海德格尔，认为在世界上的生存之道才是人类最根本的经验。他观察到，人类基本上有两种生存方式：我们可以在这个世界上把其他人视作人，或者把人视作物。他把这第一种生存之道称作'我－你'之道，第二种则称为'我－它'之道，并且他认为我们无时无刻不处在'我－你'

或'我－它'关系中——将他人视作人或视作物。

"所以，卢，"他说着面向卢，"说了那么多，其实重点是在于，马丁·布伯是第一个认识到两种生存之道，或至少将它们以这种形式总结出来的人。他是第一个阐述出将人视作人，或将人视作与他们相反的物这两种人类经验的差别的人。"他环顾了一圈组里剩下的人，说道："好了，现在安全了，可以取下你们的耳塞了。"

"嗯，还差那么一点，"尤瑟夫微笑着插嘴道，"我要补充一点。布伯对于两种生存之道的观点也导致了一个问题，那就是我们该如何从一种方式向另一种方式过渡——比如说，从将人视作人到将人视作物，或相反。但布伯没有回答过这个问题。他只是观察出了两种生存之道及其不同之处。现在，这个问题留给了我们，该由我们去找出改变我们生存之道的方法了——要是各位愿意的话。"

"为了做到这一点，"他继续说，"我们必须回答布伯没有提到的那个问题。我们已经讲过，我们在家里、工作场合和战场上最根本的问题正是我们的内心常常处于开战状态——也就是说，我们常常都把人视作物。而且我们也看到了一个人开战的内心是如何导致他人也'把人视作物'并在内心开战的。因此，为了找到和平，我们首先要明白我们和他人是如何放弃和平，选择战争的。"

"有时不是我们选择战争，"卢插嘴道，"是战争选择了我们。"

"是的，卢，"尤瑟夫同意道，"有时我们不得不保护自己，你说得很对。但是，我们并不是非要去鄙视他人，去发怒，去诋毁，去轻视。没人能把心灵的战争强加到我们身上。当我们的内心在开战时，我们就是自己选择了战争。"

"怎么选择？"卢问道。

"我们现在要探究的正是这个问题。"尤瑟夫回答。

第十章　选择战争

　　"我的童年，"尤瑟夫开始了讲述，"是在耶路撒冷城东边的山上一个全是石墙房子的小村庄里度过的。这个村庄名叫德尔雅辛，我的家族在这里住了至少两个世纪。但就在1948年4月9日的清早，阿拉伯人和犹太人的纷争正值高峰，以色列的权力集团被团团围住，所有这一切都结束了。那年我才5岁。我还记得自己被喊叫声和枪炮声惊醒。我们的村庄受到了攻击，我后来才知道攻击我们的是一个犹太地下军事组织的成员。我父亲一把将我从床上拉起来，把我和两个姐姐一起扔进我父母的卧室里，然后跑到了屋外。'待在里面！'他对我们喊道，'谁叫都别出来，听见了吗？直到我回来。上帝保佑。'

　　"这是我听到父亲说的最后一句话。一切结束后，我们从保护我们的石墙里出来，发现街上到处都是尸体和被炸成碎片的器官。我父亲就躺在这些死人里。"

"太可怕了。"瑞亚说。

"那是很多年前的事了，"尤瑟夫回应说，"那些天，和那之后的许多年，对于我和我的家人们来说都非常艰难，我并不否认这一点。但是悲剧并不仅发生在我们身上。"

伊丽莎白开口了。"我正想说，我也有一些犹太朋友，他们的经历和你很像。"

"当然，"尤瑟夫说，"我也正想说。比如，当时有一个叫作科法艾特兹昂的犹太村庄也同时受到了阿拉伯军队的攻击，村里几乎所有人都被屠杀了，所以我并没有觉得自己的命运比他们更悲惨。我讲这个故事，不是想告诉大家阿拉伯人是唯一的受害者，要是听上去有这个意思的话，我向大家道歉。举个例子，阿维的父亲当时就在保护自己的国家抵抗阿拉伯人时牺牲了。这给他造成的伤害，和我失去父亲时一样深重。这么多年，这么多个世纪，暴力一直在四处发芽。事实就是如此悲惨，如此血腥。"

卢很高兴听到尤瑟夫承认阿拉伯人的暴行，但同时他也感到有点不舒服。在卢看来，尤瑟夫似乎认为阿拉伯人和以色列人遭受的苦难同样深重，但在他自己眼里，那架承载着不公正遭遇的天平明显是向以色列人一方倾斜的。卢不确定，但他觉得在这一点上，伊丽莎白·温菲尔德可能和他站在同一边。

"我父亲死后，"尤瑟夫继续道，"我母亲带着我们在不同的村庄间搬家，直到我们终于在约旦找到了庇护所。我们在阿曼城西北部的一个叫作扎尔喀的小镇住了下来，镇上有一个难民营。在 1948 年的那场以色列人称为'独立战争'的战争之后，约旦吞并了西岸，母亲又带着我们搬回到约旦河的西岸地区。我们来到了伯利恒，那里距离德尔雅辛只有几公里。

　　"现在我回首过去，设身处地地想想我母亲的处境，我会觉得她敢于回到离自己人生悲剧的发生地那么近的地方，实在是勇敢。多年之后她才告诉我，当时她觉得自己必须要尽可能地回到离自己的根最近的地方。我们和她的妹妹——也就是我的小姨，阿斯玛一起住在伯利恒。

　　"伯利恒的经济来源大多依靠来位于此地的耶稣出生地朝拜的基督徒。但是战争严重削减了游客的人数，于是商人们便打起了顾客的主意。我 8 岁时就受雇到街上行骗，我的任务就是让那些西方人可怜我，然后把他们带去雇我的人的商店里。就这样，我开始用我磕磕巴巴的英语和西方打起了交道。

　　"至于犹太人，我既没有机会也没有意愿去和他们打交道。在约旦吞并西岸后，犹太人就被赶了出去。两个方向的国境线要是出现了越线的情况，无论是出于军事还是经济原因，通常最后都会以双方交火造成人员伤亡告终。那时犹太人就是我们的敌人。

"至少，我们就是照这句简单的话说的、记的。但事实与此还是有一点细微的差别。我知道，因为我工作的那条街上还有一个失明的犹太人，他也在用同样的方法去掏那些西方钱包里的西方钱。

"这就是我想要跟大家分享的故事。我认识了这个叫作摩德夏·拉万的人，你们也可以说，我了解了他。我们常常会在距离对方一两米的地方一起工作，虽然对彼此的声音都很熟悉，我却从来都没有和他说过话，哪怕他偶尔会主动来和我攀谈。

"一天，他在向路人寻求帮助时绊了一下，钱包掉到地上崩开了，里面的硬币直滚向四面八方。

"就在他先伸手去找他的钱包，然后又接着去摸那一枚枚硬币时，我忽然想到了一件事。你可以说，那是受到了某种召唤，我在那一刻忽然知道了究竟该做什么。我觉得，准确地说，那其实是一种渴望。我感到了一种去帮助他的渴望——先帮他站起来，然后去帮他把硬币找回来。

"当然，我还有选择。我可以顺从这种感觉，也可以抵抗它。你们觉得我选了哪一样?"

"我猜你去帮助他了。"卡罗尔说。

"不，他没有，"卢得意地笑了，"他要是帮了就不会跟我们讲这件事了。"

尤瑟夫露出了微笑："确实是这样。卢，你说得对。我反抗了自己得去帮助摩德夏的感觉。说得严重一点，我在那时背叛了我的感觉，并且照着我心中的正确之事的反面行动了。我不仅没去帮他，还转身往另一条路上走了。"

他继续讲述："你们觉得，关于摩德夏·拉万，我走开时心里会对自己说些什么或想些什么？"

"你会觉得他本来也不该到这儿来，"格温回答道，"你和你其他的邻居能让他留下来已经算仁至义尽了。毕竟，他来自敌人的一方，是他们摧毁了你们和平的生活。他就是个支持犹太复国主义的危险分子，一个偏执狂。"

"嗯，"伊丽莎白疑惑地开口了，"谁才是偏执狂？"

"我不是说摩德夏是个偏执狂。"格温回答。

"我也不是。"伊丽莎白同意道。

"噢，我懂了，"格温说，"我才是偏执狂，你是这个意思吗？"

"我不知道，我只是问问。"伊丽莎白冷静地说。

"听着，伊丽莎白，摩德夏可能是个偏执狂，也可能不是，谁知道呢？我只是说，尤瑟夫当时可能会这么看待他，他的族人也会，只是这样而已。这有什么问题吗？"

"完全没有。谢谢。"伊丽莎白说着往下看向她的膝盖，伸手整理好了裙子上的一条褶皱。

"没事。还得谢谢你们英国人在一开始把摩德夏和尤瑟夫的国土一分为二。当然，法国人也伸出了援手。你们可真是帮了大忙。"

气氛忽然紧张了起来。卢往前坐了坐，方便好好看看接下来会发生的事。

伊丽莎白有那么一会儿一句话也没说。"历史已经讨论过这些问题了，不是吗？"她终于说道，语气中毫无恶意，"刚才我说的关于偏执狂的话可能伤害到了你，我很抱歉，亲爱的。那确实太过分了一点。我本来想说，我表现得就像个美国人，但那就太自我暴露了，对吧？"她露出一个娴静的微笑。

紧张的空气来得快去得也快。

"不，我们现在可都不愿意当美国人，是吧？"格温也露出了微笑。

"可千万别是。"伊丽莎白开玩笑说。

"就在刚才，我还以为我得把卢拉到你们俩中间才行。"尤瑟夫的话在小组里引起了一阵大笑。

"有什么好笑的？"卢故意板着脸说。

就在大家大笑时，尤瑟夫在白板上写下："没有权利待在这里""破坏了我和平的生活""犹太复国主义的危险分子"还有"偏执狂",以此概括他对摩德夏的看法。

"好了,"尤瑟夫写完后说道,"如果我开始以我们提到的这些方式来看待摩德夏,你们觉得,我会如何看待自己呢?"

"你是受害者。"皮提思回答。

"而且比他更优越。"格温说。

"我不知道,"卡罗尔开口了,"也许你会不喜欢你自己——好像你做得不够好。我觉得,你的内心深处会觉得自己并不是一个非常好的人。"

"也许是这样,"格温同意道,"但是那不是他的错,毕竟发生了那么多事。哪怕他真的坏,也是因为别人对他犯下的恶行。"

"不一定吧,"卢不同意,"这听起来似了有点像在找借口。"

"我们会弄清楚这是不是在找借口的,"尤瑟夫插进来说道,"但是我觉得格温的话确实说出了我至少是在当时对这件事的感觉。"

"好吧。"卢接受了。

"还有什么吗?"尤瑟夫问。

"我在想你注意到那些硬币后还是走开了的做法,"皮提思回答,"一方面,我能理解你因为那种受害者的感觉而想转身离开。但是我觉得这其中可能还有别的原因。"

"请继续说。"尤瑟夫邀请道。

"好吧,"皮提思回应说,"我在想,转身离开也许给了你一个借口。可能你离开正是因为你想被看成一个好人。"

"这是什么意思?"卢问道,"他都走了,还怎么成为一个好人呢?"

"他确实不是,"皮提思回答,"但是这让他更容易自称为一个好人。要是他不需要被看成好人,那他可能就会站在那里,看着摩德夏出丑。但是他很快就走了,这样他就不用目睹那个场景,也得以维护自己的名誉——他自称的善良。"

尤瑟夫笑出了声:"这个看法很有意思,皮提思。这让我想起了今早的一件事。我正在给自己做三明治,这时我注意到一片生菜掉到地上了。我本来很容易就能弯腰把它捡起来,但是我没这么做。相反,我用脚趾把它踢进了橱柜下面!要是我不想让我妻子觉得我是个好人——整洁,负责任等——我本不必这么做。要是那样,我可能就会任由那片菜躺在那儿了。"

"那你为什么不直接把它捡起来?"格温反对道,"真是的!"

"是的,"尤瑟夫同意说,"那为什么不直接把那些硬币捡起来呢?这就是我们马上要探索的问题。"

这时,他又在白板上那个他正在完善的图表上添上了一句

"需要成为别人眼中的好人"。

"好了，"他说着，转身面向小组，"当我以我们之前谈过的方式看待那个人和我自己时，你们觉得我会如何评判我正身处其中的境况呢？"

"觉得那不公平。"格温回答。

尤瑟夫把这句话写到了白板上。

"觉得不公正。"瑞亚补充道。

"还觉得很有负担，"皮提思说，"考虑到你经历的一切，我能想象你当时感受到的生气或难过。"

"是的，"伊丽莎白同意道，"实际上，你可能会觉得整个世界都串通好了和你对着干——打压你的幸福，你的安全，你的安乐。"

"说得太好了，谢谢你们，"尤瑟夫说着写下了这些话，"现在，我希望能再谈谈刚刚皮提思说过的话——我可能会感到生气或伤心。鉴于我看待其他事物的态度，你们觉得我还可能会有什么感觉？"

"可能你心里会有怨恨。"格温回答。

"好的，说得很好，"尤瑟夫说着，在图表上把"怨恨"加到了"生气"和"难过"旁边，"但是如果你要问我，我在那几天的感受的话，你们觉得我会说什么？"

"你会说，那不是你的错，"皮提思回答，"你会说，那是以色列人的错 —— 你会这么觉得，完全是因为他们对你和你的同胞们犯下的罪行。"

尤瑟夫点点头："也就是说，我会觉得我的生气、我的难过、我的怨恨，都是合理的。我会觉得我对摩德夏的看法也是合理的。"

这时，他把"合理"加到了图表上。"这就是我的整个经历要表达的事，"他说着，指向白板，"它告诉我，我什么也没做错，都是别人的错。我就是这么觉得的，是吗?"

对自己的看法	对摩德夏的看法
优越 受害者 （受到了亏欠） 坏（但是被迫的） 想要被视作一个好人	没有权利待在那里 毁了我的和平 犹太复国主义的危险 分子 偏执狂
感受	对世界的看法
生气 难过 怨恨 合理	不公平 不公正 有负担 和我对着干

"也许 ——"皮提思回答道，将屋内盘旋的疑问表达了出来。

"我对自己看问题的方式和自己的感受不够负责任?"尤瑟夫接上了他的话。

"是的。"

"但真是这样吗?"尤瑟夫问,"我真是被外界的力量逼迫着,如此去看待问题和感受世界吗 —— 以身处这样的方框里时感受到的方式?还是说,是我自己选择了以这样的方式来看待问题和感受世界?"

"你的意思是说,是你自己选择了去生气、去难过、去怨恨?"格温怀疑地问道。

"我的意思是说,是我做出的选择导致了我感到生气、难过和怨恨。这个选择是我自己做的,而非别人 —— 不是摩德夏,也不是以色列人。"

尤瑟夫环视着房间里那一张张困惑的脸。"也许,"他说,"补充一下这个图表能够帮助我们理解。"他加上了下面的内容:

"我们都记得,"他开始讲述,"我曾有过想要帮助摩德夏的渴望。我知道那才是正确的。但这也带来了一个选择:我可以追随我的感受去帮助他,也可以背叛我的感受,不去帮他。也就是说,我们并不总是会去做那些我们知道是正确的事情,是吧?"

小组成员们看上去不太确定。

选择图表

感觉 / 渴望
帮助摩德夏捡起他的硬币

选择

追随感觉　　　　背叛感觉

对自己的看法	对摩德夏的看法
更优越	没有权利待在那里
受害者	毁了我的和平
（受到了亏欠）	犹太复国主义的危险
坏（但是被迫的）	分子
想要被视作一个好人	偏执狂
感受	**对世界的看法**
生气	不公平
难过	不公正
怨恨	有负担
合理	和我对着干

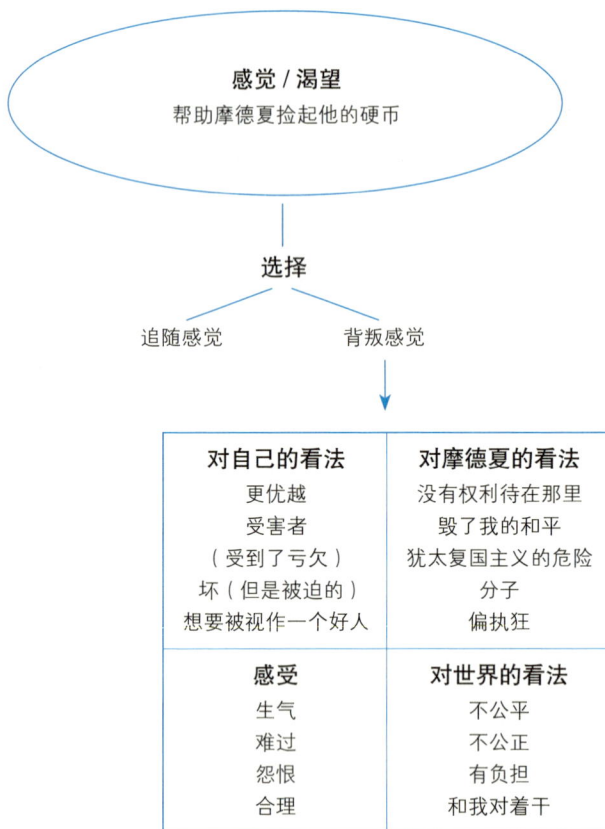

"比如说，"尤瑟夫继续道，"当我们应该道歉时，我们并不会总是这么做，对吧？"

卢想起他到现在还没有向凯特道歉。

"当我们的伴侣、孩子或邻居正处于我们可以帮他们一把的事情之中苦苦挣扎时，我们并不总是会帮助他们。而且，我们有时不也会闭口不谈那些本应跟别人分享的信息吗？比如说，在工作上，当我们知道怎样可以帮助某个同事时，我们有时不也会守住这个秘密吗？"

小组中的大多数人都若有所思地点了点头，包括卢在内，他对这种情况可以说十分了解了。

"当我选择不做那些我感觉合适的事情，而做出相反的举动时，"尤瑟夫继续说，"我就犯下了我们在摩利亚野营地所说的那种自我背叛。它指在某个特定的时刻对自己的感受的背叛——不是别人的感受或准则，而是我自己在那一刻感到应该做的正确的事。

"像我提到的这种自我背叛其实非常常见，几乎可以说是平淡无奇了。但是当我们再深挖一点就会发现，自我背叛之中藏着一种非常有意思的东西。"

他环视了一圈小组。"那就是，选择背叛自我，"他说，"就是在选择开战。"

第十一章　需要战争

"选择背叛自我怎么就成了选择开战了？"卢被搞糊涂了，问道。

"因为当我背叛自己时，"尤瑟夫回答，"我的内心就多了一种新的需求 —— 正是这种需求让我认为别人都有罪，让我不再在乎真相和解决的办法，而去在乎别的东西，这种需求也让其他人以同样的方式回应我。"

"那是什么需求？"皮提思问道。

尤瑟夫转身看向那个关于选择的图表："一开始，当我产生了帮助摩德夏的渴望时，你们觉得我是如何看待他的？是看作一个人，还是一个物？"

小组成员们同时小声道："看作人。"

"那到了最后呢，当我走进这个方框的时候呢？对我来说他还是一个人吗？"

他们全都看向图表。

皮提思开口说："不，你剥夺了他身上的人性。他几乎可以说是个平面人物了。"

"那到了那一刻，他对我来说究竟是什么，人还是物？"

"物。"皮提思回答。

"而这又带来了我怎样的需求？"尤瑟夫问。

皮提思和其他人都在这个问题上感到了困惑。"我不太明白你的意思。"他说。

"也许通过类比我们能说得更清楚，"尤瑟夫回答，"我的父亲是个木匠。我记得我四五岁的时候，和他一起出了一趟工，去重建一所房子。那房子的厨房里有面墙我记得尤其清楚，后来我们发现它被压弯了。我记得它，因为我父亲当时教我，'这里，尤瑟大，'我还记得他当时这么说道，当然讲的是阿拉伯语，'我们得把这面墙扶正。'

"'爸爸，扶正？'我问道。

"是的，孩子。当有什么东西被压弯了而我们需要把它弄直时，我们就说要把它扶正。那堵墙弯了，所以我们得把它扶正。"

尤瑟夫说着，环视了一圈小组。

"把这个故事作为类比，"他说，"我们再看看图表。"

卡罗尔轻轻的声音立刻回答道："你需要把这件事扶正。"她说："这就是你说的那种需求，对吗？"

"是的，卡罗尔，"尤瑟夫微微笑道，"就是它。当我产生想要帮助摩德夏的渴望时，我有扶正的需要吗？"

"没有。"

"为什么没有呢？"

"因为那时你没有因为他而弯曲。"

"正是如此。"尤瑟夫同意道，语气中带着强调和快乐。"大家都明白这一点了吗？"他问小组。

房间里的各位都点了点头，但是尤瑟夫还是觉得他们不够确定。

"咱们把这一点解释清楚吧，"他说，"当我转身离开摩德夏时，到底是什么之前并未弯曲的东西在那时变得弯曲了呢？"

"你对他的看法。"卡罗尔回答。

"是的，"尤瑟夫同意，"那是我对他的什么看法弯曲了？"

"你不再把他看作一个人，"皮提思回答，"他不再算是一个人了。至少在你眼里如此。"

"正是。实际上，就是因为我在一开始把他视作一个人，我才想要去帮助他。但到了我开始忽视他身上的人性对我最基本的召唤时，我就在内心建立起了一种之前并不存在的需求；因为我忽视了自己在那一刻十分清楚的真相 —— 他是个人，和我的存在一样合理，所以我需要扶正自己。

"因为违背了这个真相，我的整个感知现在都在努力自我扶正。想想吧，你们假设摩德夏身上的毛病比我更多，是在我背叛了自己想要帮助他的感觉前，还是那之后？"

"之后。"小组成员们回答道。

"那我把摩德夏划进以色列人这个群体，而你们假定他们比不上我，是在什么时候呢？是在我产生想要帮助摩德夏的感觉的那一刻，还是在我没有帮助他之后？"

"之后。"小组成员们重复道。

"所以，大家注意，"尤瑟夫继续说，"当我背叛我自己，他人的错误立刻就会在我的心中和脑中放大。我开始把其他人'妖魔化'。也就是说，我开始使其他人看上去比他们实际的样子更加可怕。而我这么做是因为他们越坏，我就越容易背叛自己的感受。一个在街上需要帮助的人忽然给我的和平自由带来了威胁。这样，那个我要帮助的人就成了一个应该被责备的物品。"

这时，尤瑟夫转向白板，在图表上加上了他们讨论到的点。他写完时，格温问道："但是如果摩德夏真的有问题呢？要是他并不是一个温柔的盲人，而是个搞种族主义的彻头彻尾的混蛋呢？要是他当真和那些把你的家人赶出家园的人站在一边呢？这样你不就被扶正了吗？"

"如果我并没有弯曲，那我还有什么需要被扶正的地方呢？"尤瑟夫问着，从白板前转身面向小组。

格温明显被他的回答挫败了。"我很抱歉，尤瑟夫，"她说，"但是我不知道我自己能不能接受。看起来，你似乎只是在给那些坏人找借口。"

尤瑟夫听了这句话后目光明显柔和了下来。"格温，我很欣赏你对待这个问题的严肃态度，"他说，"不知道你是否愿意以同样严肃的态度来审视另一问题。"

"也许吧。"她心事重重地回答道。

尤瑟夫露出了一个微笑。他本就比较愤世嫉俗，所以他很欣赏那些在听别人说话时总带着一点恰当的怀疑的人。"你担心我只是在给摩德夏找借口，担心我也许会让他或他的族人逃过自己犯下的罪行。我说得对吗？"

格温点点头："是的。"

"格温，当我觉得自己被他人困扰时，我学会了问自己这样一个问题：我要求自己和要求他人的标准是一样的吗？换句话说，当我担心自己正在给别人找借口时，我是否也在担心我在给自己找借口？当我要求他人摆脱偏见时，我是否也在以同样的谨慎让自己摆脱偏见呢？"

他顿了顿，让大家能充分领会自己的意思。

"如果我没有，我就将在一种遮蔽我身边和我心中一切现实的迷雾中生活。就像一个在云层中飞翔的飞行员一样，他的仪表盘告诉他的一切信息都和他的直觉相反，我的感受也会蓄意对我撒谎——关于我自己，关于他人，关于我的处境。"他的目光清晰地投向格温，在看到她的眼神后，他补充道："我的摩德夏们也许并不像我认为的那样充满偏见。"

"你的可能不像，"格温回敬道，"我也不清楚。但是我的像。"

尤瑟夫若有所思地看着格温。"你也许是对的，"他说着，语气中带上了一点无可奈何的意味，"你的摩德夏们也许确实充满了偏见。毕竟，确实有人是这样的。但重点在于，你们也许都曾遭受过他人的错待。比如说，在场的各位都是父母，"他说着，环视了一下围成半圈的成员们，"你们肯定都曾被粗暴地对待过——这些人不公平、不公正、不知感恩。是吗？"

大家都点了点头。

"在工作上，你们可能也遭受过压迫——被责怪、被忽视、不受赏识。也许总的来说社会就错待了你们。也许你的宗教信仰对你的感受有偏见，也许你所属的民族文化有意地剥夺了你正当感受的权利，也许你所属的阶级受到了忽视或排挤。我对于这些错待都有所了解。我知道它们能带来怎样的伤害，我知道它们有多糟。照我的经验来看，几乎没有什么事情能比受人鄙夷更痛苦。"

"说得对。"格温迫不及待地同意道。其他人也点了点头。

"除了一件事，"尤瑟夫继续道，"受人鄙夷虽然让人痛苦，但心中充满了对他人的鄙夷却能让人更加软弱。这一点我也是根据自己痛苦的经历来讲的。我自己对他人的鄙夷正是一切事物中最让人痛苦无力的，因为当我鄙夷他人时——当我怨恨和鄙视别人时——我就会责怪自己，为什么会生活在这样一个让人瞧不起的、充满了怨恨的世界里。"

"而这又将我带回到了摩德夏的这件事，"他说，"你们说，当我想要帮助他时，我心中是充满了怨恨或轻视的吗？"

小组成员们望向图表。

"不。"瑞亚回答，其他人也纷纷附和她的看法。

"但是为什么到了故事的最后，"尤瑟夫问，"当我处于这个方框里时，我会觉得他既偏执，又是个犹太复国主义的危险分子呢？我那时是感觉到了憎恨吗？"

小组成员们看着方框里列出的感受：生气、难过、苦涩、合理。"是的。"他们点点头。

选择图表

感觉／渴望
帮助摩德夏捡起他的硬币
（我把摩德夏视作一个人，一个有自己的需要、关
怀、担忧、恐惧的人，一个和我一样重要的人）
我的内心处于和平中

选择

追随感觉　　　　　背叛感觉

对自己的看法	对摩德夏的看法
优越	没有权利待在那里
受害者	毁了我的和平
（受到了亏欠）	犹太复国主义的危险
坏（但是被迫的）	分子
想要被视作一个好人	偏执狂
感受	**对世界的看法**
生气	不公平
难过	不公正
怨恨	有负担
合理	和我对着干

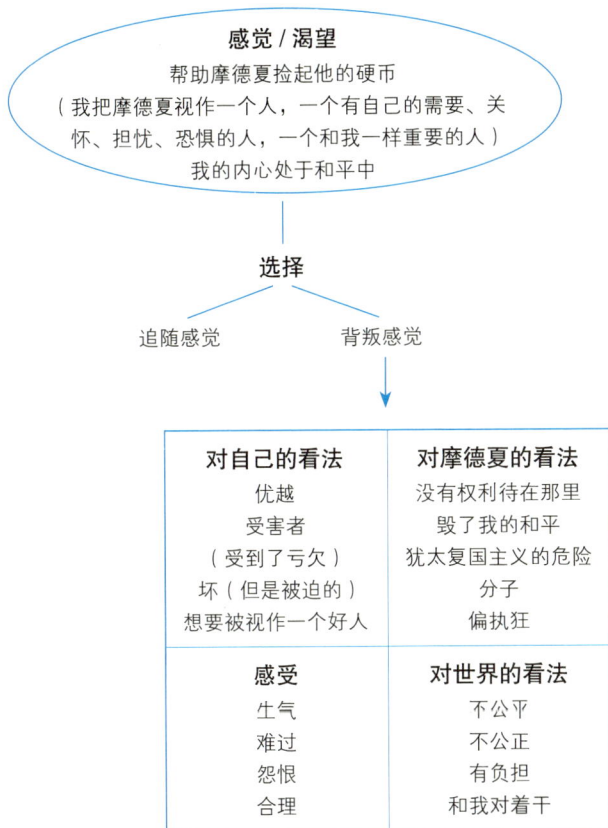

"那我为什么会有这种感觉呢？"尤瑟夫问，"我确实遭遇了
不幸。这就是我心中的苦涩、怒气、怨恨和轻视的来源吗？"

"也许是。"格温回道。

"再看看图表。"尤瑟夫说。

"不，"皮提思回答，"你的不幸不是你那些感觉的根源。"

"你为什么这么说呢?"尤瑟夫问道。

"因为无论你遭受了什么,故事的开头你就已经遭受过了。但是当你产生想要帮他捡硬币的渴望时,这些不幸并没有妨碍你把摩德夏看作一个人。"

"正是这样,"尤瑟夫说,"所以,在我没有感觉到生气和怨恨时,与我最后感受到了这些情绪之间,究竟发生了什么?在我把摩德夏看作一个人,和我把他看作一个物之间,究竟发生了什么?"

"你选择了背叛自己。"皮提思回答。

"那我的怒气、我的尖刻、我的怨恨、我的轻视和我失去和平的根源究竟在哪里呢?是摩德夏和他的同胞,还是我自己?"

"从图表上看是你。"卢回答。

"但你并不这么觉得。"

"是的,我确实不这么想,"卢说,"听着,有没有可能,当摩德夏的硬币从钱包里掉出来时,你只是短暂地失忆了一会儿,没有完全想起你的不幸?在我看来事情好像就是这么回事。而接着你又回到了现实,想起了以色列人带给你的所有伤痛。我不是说你的怨恨是在那一刻才开始的。你之前肯定也有过这种感觉。而你会有这种感觉,就像格温说的,可能就是因为以色列人对你和你的家人做过的事。"

"什么，你现在和我站在一边了？"格温开玩笑道。

"可不是吗，我自己也挺担心的。"卢也笑了。

尤瑟夫露出微笑道："这个问题问得很好，卢。当然，你是对的，那不是我第一次对以色列人感到生气和愤懑了。而且你说得也对，我父亲的死和由此产生的家庭不幸，都是我产生这种感觉的原因。但在我看来它们的作用和你认为的不一样。你似乎觉得，我之所以最后会这样看待摩德夏是因为他的同胞对我和我的家人做过的事。换句话说也就是，我所经历的不幸使得我对摩德夏产生这样的感觉。你的意思是这样吗？"

"反正我就是这么想的，对。"

"但我要说的却和你的意见完全不同，"尤瑟夫回应道，"我的意思是，我对摩德夏的感觉不是由他人带给我的什么造成的，而是由我对摩德夏做出的事情造成的。它们正是我做出的关于摩德夏的那个选择的结果。所以，"他继续说，"我们该如何评价这两个完全不同的理论呢？"他环视了一圈小组成员。

"我不懂如何评价，"伊丽莎白说，"但是卢的看法带来的结论好像挺让人难过的。"

"那是什么结论呢？"尤瑟夫问道。

"那就是我们都是受害者，在面对困难时毫无还手之力，我们注定会变得充满怒气和怨恨。"

"我不是这么说的。"卢反对道。

"我觉得你就是这么说的，"伊丽莎白回击道，"你说尤瑟夫之所以在故事的开始没有感到怨恨，只是因为有那么一会儿他忘记了自己的不幸。而再次想起这些事情则让他再次感到了生气和怨恨。如果这都不算是让一个人在困难面前毫无还手之力，那我实在不知道还有什么算是。"

卢不得不承认她说得有道理。他自己其实也不相信这种无助的受害者形象。他认识很多伟大的人，他们都经历过错待，但却没有因此而气馁，没有觉得曾经的不幸会让一个人毫无选择。但那还是有影响的，不是吗？他想到了科里，在心中对自己说。

"说得很好，伊丽莎白，"尤瑟夫说，"可以的话，我想接着你的话说下去。"

"当然。"

尤瑟夫看了一圈大家："在我的脑中没有相关的记忆，和我忘了那段记忆，二者是不一样的。我可以向各位保证，自从我父亲死后，我从来没有一刻忘记过他的死，以及他是怎么死的。卢说得对，我关注的事物和关注的程度都会随着时间的推移而变化。卢认为这会让我在想要帮助摩德夏的时候以一种不同的视角来看待他。但是，卢其实正好说反了，我并不是因为放得下自己的不幸才把摩德夏视作一个人，而是因为我将摩德夏视作一个人，所以才放下了自己的不幸。只有在我错待摩德夏因而需要自我扶正时，我才需要回忆自己的不幸。在那一刻，我的不幸就是我的借口。而当我不需要借口时，我就可以不去回忆它们。"

"噢，所以一个被她丈夫虐待的女人也不能恨她的丈夫了？"格温不屑一顾地说，"很抱歉，我没那么大度。"

尤瑟夫停下来深吸了一口气。"我也没有那么大度，格温，"他说，"我能给你讲个故事吗？"

格温没有回答。尤瑟夫从摆在房间前面的角落里的桌子上拿起一个文件夹，从里面抽出了一张纸。"这是我在几年前收到的一封信，"他说道，"这是我们以前的一个学员写的，她在婚姻中也遭遇了极大的危机。我就不多介绍了，她在信中已经讲得很清楚了。"他开始读信。

　　一年多前的一个周五，我和我丈夫已经分手，那天他到我父母家来看我。他来的次数比较多，表面上是来看我们的女儿，其实是想挽回我。就在他离开之前不久，他问我要一份我们的保险单的复印件。他问我我们有没有付清保险费，又读了一段关于自杀的条款，问我正不正确。那天傍晚，我在他出去以后关上门，忽然明白了他想做什么。大卫想自杀。我向他道了别，以为在那之后我就再也见不到他了。

我几乎控制不住自己的激动之情。

是这样，这位曾经年轻迷人的新郎在我们结婚后不久便变得非常暴力。短短几个月后，我就开始非常害怕他，什么都不敢做，哪怕是开个电视也要经过他的允许。他非常爱吃醋，而且很快就逼我扔掉了通讯簿、我高中时的年鉴，甚至还有我家人的照片。他威胁着我的生命，在公众场合羞辱我，公然和其他女人调情，最终我们的肢体接触只剩下了暴力。

但是与此同时，他又会不时地表现出惊人的体贴和忏悔，让我在那两年里无论如何也下不了决心离开他。最后，在我们的婚姻顾问的催促下，我终于逃到了我父母的家里。借助他们的爱和支持，我慢慢地脱离了大卫的掌控。但是他却越来越着急地想要挽回我。我害怕他，但是又需要他；我感到自己无力挣脱这段婚姻。总而言之，想到我的噩梦终于将以他的自杀收尾，我就喜不自胜。

当我在第二天早上看到他又出现时，我的心都碎了。他心情非常低落，告诉了我前一晚发生的事情。他从一个朋友那里弄到了一些药片，然后等着天黑，这样就没人能找到他了。接着他坐下来，开始写他的自杀遗书和遗嘱。但当他打了几行字后，家里却突然停电了。光亮甚至不够让他手写完他的遗嘱。他觉得这样不够完整，也没有完成他的计划。然后他告诉我，也许是命运让他活下去，而这就代表着他和我应该在一起。

当他告诉我这个故事时，我愤怒了。我只差那么一点点就能摆脱他了，就差那么一点，但命运的一个微不足道的转折却毁了我的希望。我仍然和这个残酷易怒的男人绑在一起，他毁了我的自信，而且时时都在告诉我，我的余生都会受他的折磨。我从没有如此恨过一个人。我太失望了，这让我立刻就决定了该怎么做。我知道，鉴于他目前的心理状态，只要我把握好当前的局面，他很有可能会再次尝试自杀。所以我开口冷酷地说道，我仍然觉得他是个可怕的怪物，而且无论他做什么我都绝不会再回到他身边。而且我还打算告诉他，我一点都不在乎他是死是活，甚至，我更希望他去死。我已经准备好尽可能残忍地对待他，逼他去自杀了。

但这时我停下了。我仍然恨他，但我停下了。我意识到自己差点就鼓动一个人去自杀了，看到自己如此被仇恨控制，我吓了一跳。我看着他，忽然想起了一件事——我在摩利亚野营地学到的一件事。我意识到了他是一个人，他有人性。在我面前的是一个人，他虽然确实有着严重的感情问题，但仍然是一个人。而且他伤痕累累，负担很重。他自己就是在一个充满虐待的环境中长大的，他几乎没有感受过爱和友善。

我想着这些事哭了出来。但是出乎我的意料，这并非绝望的泪水，而是同情的泪水。毕竟，在我面前的是一个想要结束自己生命的男人。我发现自己搂住了他，在安慰他。到现在我仍然无法完全理解那个瞬间。虽然他曾这样伤害我，我却仍然充满了爱。最让我惊讶的还是，从那一刻起——从我把大卫视作一个人起——我再也没有想过要回到他身边。我曾经以为，爱大卫就要待在他身边。这也是我觉得自己被困住了的原因之一。但是，原来对我来说，不用再找借口来为自己不再爱他开脱，才是让我离开他的动力——而且我得以充满同情地、平静地离开他，而非充满那种将困扰我一生的怨恨。

就像我在摩利亚野营地学到的那样，当我开始把人们视作人时，我身边的世界也改变了。我现在感到很自由——不仅仅是从一段不健康的关系中脱身的自由，还有从那种会毒害我的感觉中脱身的自由。如果我从未嫁给大卫，我的生活肯定会更加轻松，但我永远都会庆幸自己没有鼓动他去自杀。

读到这里，尤瑟夫从信纸上抬起头。他清了清嗓子，说道："如果有人遭受了虐待，我会为他感到非常难过；这确实是一个残酷的负担。如果我知道有这样一个人，他或她的内心正因此而燃烧着怒火，我会惊讶吗？当然不会。我会问我自己，在这样的情况下，谁不会愤怒呢？

"但在面对这样的问题时，我在刚才读给大家听的这样的故事中看到了巨大的希望，这样的故事告诉我，重新找回和平是可能的，哪怕我大半的人生都处于战争之中。

"虽然我现在无论做什么都无法消除过去曾经遭受的错待，但是我现在内心的状态决定了我将如何背负着这些错待的记忆前行。当我把他人视作物时，我就是在为了让自己看起来正确而停留在曾经遭受的不公中。但另一方面，当我把他人视作人时，我便不再需要让自己看起来正确。因此，我也得以不再过于关注自己身上最痛苦的记忆。我得以将最坏的留在身后，不再只看到别人身上的坏处，注意到他人的好。

"但要是我的内心处于开战状态，"他继续说道，"这些就都不可能实现。处于战争中的心需要利用敌人来解释自己为什么会处于战争中。它需要敌人和错待，多于需要和平。"

"什么玩意儿。"瑞亚低声说。

"确实挺恶心，"尤瑟夫同意道，"一位以色列高层的政治家曾经对我说，'我们和我们的敌人正适合于彼此。我们都给了对方永远不必改变的理由'。不幸的是，这句话也适用于我们的家庭和工作。我们身边的那些外部战争都是由我们内心那场无人注意的战争引起的：一旦有人将他人视作物，其他人也会以此为借口，做出同样的事。这就是战争的细菌，也是战争细菌的滋生。当我们感染上这种细菌后，我们就是在等待着开战。"

"那你有什么对策呢?"卡罗尔问道。

"首先，"尤瑟夫回答，"我们需要学会去找到那些我们需要被扶正的情况。"

第十二章　战争细菌

"自我开脱有一些很能说明问题的标志，"尤瑟夫开始讲道，"我之前已经提到了一些——比如说，我们会把他人妖魔化。实际上，这只是所有标志里的其中一个，而这些标志你们可以理解为一种夸大的表现。当我们在内心开战时，我们都会倾向于夸大别人的错误，这就是我们所说的妖魔化。我们也会夸大自己和我们责怪的人之间的不同。我们看不到自己和他们的相同之处，但事实却是我们哪怕没有和他们一模一样，至少也有很多相同点。我们会夸大事情的重要性，以此来为自己开脱。比如，如果我在摩德夏的硬币撒了一地时正好有个约会，那它就会忽然变得非常重要，我必须要到场。如果我正好手里拿着一本书，我也许会忽然觉得很有必要埋头读书。无论何时，只要我们感到有自我开脱的需要，那任何可以给我们理由的事情都会突然成为我们的生活里最重要的事。自我背叛会改变一切——甚至是事物对我们的价值。"

"想想吧，"他继续道，"在摩德夏的故事里，我是从什么时候开始一门心思地责怪他人的？是在我背叛自己之前，还是之后？"

小组成员们看向白板。"之后。"皮提思第一个回答道。

"那我是从什么时候开始觉得自己是受害者的呢？"

"在你背叛自己之后。"瑞亚说。

"那我又是从什么时候开始只想着谁对谁错的问题的呢？在我背叛自己之前还是之后？"

"之后。"

"你们注意到其中的模式了吗？"尤瑟夫问，"我背叛了自己，然后我的整个世界都变了。它变了，因为我选择了另一种存在于世的方式——一种需要自我开脱的方式。而因为我需要自我开脱，所以我开始以自我辩护的方式看待一切。他人、自己、世界、我的过去、我的当下、我的未来、我的不幸、我的责任，我看待一切事物的观点都被颠覆了——为了自我开脱这一目的而被颠覆。

"而当我们多次背叛自己后，我们就会以各种不同的方式进行自我开脱。比如，一个人可能会通过视自己比他人更优越来为自己开脱。如果我觉得自己比别人强，我就有了犯下罪孽的借口。其他的人则可能会通过自认没有得到自己应得的东西来为自己开脱。毕竟，如果别人没有给我他们应该给我的，那我责怪他们或待他们不好也不是我的错了。其他情况也是如此。

"进行自我开脱有无数的方法，但我只想给大家介绍其中最常见的四种。我们所有人都或多或少地会用这些方式为自己开脱，但是我们可能会发现其中一种在我们身上表现得比其他三种更明显。我希望，通过指出这些方法，我们能够更清楚地认识自己，发现我们内心开战的不同方式。

"第一种方法你们都能立刻从摩德夏的故事里找到。那就是我们称作'高人一等'的自我开脱方式，我已经在这个高人一等的方框里把它表示出来了。这种方法让我们不再把他人视作人，因为我们总是带着偏见在看别人，认为他们不如我们自己——也许是不如我们专业，不如我们重要，不如我们知识那么渊博，不如我们公正等；但无论如何始终比我们更差，因此也始终只是物。"

这时，尤瑟夫画下了一个图表：

"我有个问题。"就在尤瑟夫写完最后一个方框时，皮提思开口说。

"当然，请讲。"

·

"高人一等"方框

我对自己的看法 优越 重要 善良 / 正确	**我对他人的看法** 低等 无能 / 无关紧要 虚假 / 错误
感受 不耐烦 轻蔑 无动于衷	**对世界的看法** 一心求胜 困扰 需要我

"要是在某些方面有的人真的不那么有天赋，而我又确实比他强呢？你的意思是说，注意到这一点只是在进行自我辩护吗？"

"不一定，"尤瑟夫回答，"当我把别人看作人时，我能够注意到他们的长处和短处。但是当我处于方框中显示的状态时，我会因为这些长处或短处感到自己比别人更优越。我利用它们来衡量我和他人相对的价值。所以当我处于这种状态时，我并不只是注意到了我们之间的不同；我是在利用这些不同来计算他人的价值。

"我可以用一个故事做例子。几年前，我的妻子丽娜和我一起去了一家很不错的墨西哥餐厅过情人节。就在侍者给我们拉开椅子时，我闻到了一股令人作呕的体臭味，而那股味道就是从旁边的那桌传过来的！就在我看向那个方向时，我注意到了一个十分邋遢、不修边幅的人，很明显他就是那股臭味的来源。我感到非常恶心。他怎么好意思就这样出现在公众场合！我在内心愤怒地呐喊着。而且还是在情人节！他会毁了我们这个夜晚的！我立刻就把这个人看作一个不考虑他人感受的肮脏的混球。"

"你也真是个善于观察的人。"伊丽莎白小声说，脸上浮现出一丝狡黠的微笑。

"我只是注意到了别人的缺陷。"尤瑟夫故作严肃地说。

"确实。"伊丽莎白说，声音里透着了然的意思。

"说到缺陷，"尤瑟夫继续说，"丽娜似乎并没有受那个味道的影响。我都不太确定究竟哪一样让我更苦恼了——是那股味道还是丽娜毫不在意的样子。我开始不停地烦她，不停地抱怨，丽娜终于让侍者给我们换了个位置。谢天谢地，我们的新座位是在餐厅里的另一个区域，坐在这里我只能闻到一点点那个男人的体臭。

"但是，当我们的菜上上来时，那股体臭味又来了！难道那个侍者身上也臭？我想着。他看上去很干净，所以我环视了一圈，去看那个'臭'男人有没有朝我们走过来。但是他还坐在那边那张桌子旁。然后我注意到，那股臭气竟然是从我的盘子里发出来的！原来，那间餐厅的黑豆子有一股特殊的味道——

而我以为那是别人的体臭。"

"谁能想到呢 —— 混球豆子。"伊丽莎白开玩笑道。

"是啊。"尤瑟夫笑了。

"这个故事确实挺有意思的，"格温说，"但要是那个男人真的有体臭呢？如果你没有搞错呢？"

"这正是我想问的问题，格温，"尤瑟夫赞同道，"要真是呢？"他问小组成员们，"如果我真猜对了呢？"

"我有个想法，"伊丽莎白说道，"毕竟我从今天早上开始就一直处于方框里的状态中。"

"真的吗，"尤瑟夫说，"怎么回事呢？"

"我姐姐没法陪着她儿子到这里来，我因为这件事觉得很不高兴。总得有人来吧，所以我就替她来了。对于一个容易觉得自己比别人强的人来说，这些事情合在一起很危险，不是吗？"她说着，装出恼怒的样子把头发从眼睛旁拨开，"你们讨论的时候，我一直坐在这里想着这件事，然后我发现，我还是觉得要是她尽力，她还是可以来的。我觉得我是对的。但是光是注意到这个问题还不够。我完全沉迷其中了。和你深陷于那股臭味一样，尤瑟夫，我也深陷于这些徒劳的想法和感觉中。"

"是的，"尤瑟夫轻声笑道，"你的意思是，哪怕我是对的，身处方框中的这种状态也会让我的感受和不在其中完全不同。"

"是的，我在想，"她说，"就像你在感受那一栏写的那样，到这里来让我觉得很不耐烦，而我姐姐和她丈夫没能多赚点钱，没能把多赚点钱作为他们在经济上的首要目标，这点也让我特别鄙视。我觉得他们是个问题家庭，在我眼里，我姐姐的选择总是很不明智，而且他们也不太对得起自己的孩子。"

伊丽莎白停下了，她的思绪已经飘到了千里之外的家人身边。"我觉得我总是做出一副什么都知道的样子，很让人讨厌。"她低声说着，若无其事地看向房间的另一边。

"要真是这样，"尤瑟夫说，"你和我们就有很多相似点了。比如说，我也用了这种方式来为自己对摩德夏做出的事进行开脱，不是吗？"

房间里的大多数人都点了点头，但是伊丽莎白仍然沉浸在自己的思绪里。

"我们再来看看第二种最常见的进行自我开脱的方式，好吗？"他说着，走到了白板前，"我们把这种方式叫作'理所当然'。"

"对了，"他正开始写字时开口补充道，"那些总觉得自己比别人优越的人总的来说都会觉得自己理应得到很多东西，所以这两种自我开脱的方式通常都是绑在一起的。"

尤瑟夫写完后说："当我处于这样的状态中时，我总会感到

理所当然方框

对自己的看法	对别人的看法
值得夸奖 被错待 / 受害者 不受赏识	爱误会人 错待他人 不知感恩
感受 理应被善待 被剥夺了权利 怨恨	**对世界的看法** 不公平 不公正 亏欠我

被错待，感到自己是受害者，觉得自己理应被善待，自己被剥夺了权利，感到充满了怨恨等。在摩德夏的故事里，我有这些感受吗？"

"有。"小组回答道。

"你们说得对，"尤瑟夫同意道，"如果我知道这些想法和感受都是我为了给自己开脱而制造的，我也许会察觉到我的生存之道出现了扭曲。我也许可以找到办法，将摩德夏仅仅只看作他自己，看作一个人。

"但是，当然，我没有察觉到自己的扭曲，而且在接下来的很多年里，我都继续把摩德夏视作物。我对待自己后来遇见的其他摩德夏也是如此，"他补充道，"也就是说，在摩德夏这件事里，我用'高人一等'和'理所当然'两种方式为自己开脱，可能在黑豆子那件事里也是如此。当我扭曲地看待他人时，我在那一刻就需要进行自我开脱，而我则会不择手段地达到目的 —— 无论是把自己看得更优越，还是认为自己值得如此，或者二者兼有。

"在把黑豆子的故事抛在脑后之前，"尤瑟夫继续说道，"我想再提两个点：第一，请大家注意我的高人一等方框和理所当然方框是如何让我误会那个男人的。

我在哪个时候更容易误会那股臭味的来源呢 —— 是在我轻视和怨恨他人时，还是在我仅仅只把人们当作人时？"

"当然是当你轻视和怨恨他人时。"皮提思回答道。

"那请注意，"尤瑟夫继续说，"我越确定自己是对的，我就越容易犯错。我对做正确的事的需要，反而会让我更容易出错！同样，我越觉得自己被错待，我就越容易忽视自己也在错待他人。我对自我开脱的需要掩盖了真相。"

"有意思。"皮提思说着，脑中反复琢磨着这一观点。其他人看起来也在认真地思考。

"是的，"尤瑟夫同意道，"在我们继续之前还有一点。为了讲清楚，我将稍微改变一点故事的场景。假设这件事发生在家里或者工作场合。假设，就像格温之前提到的那样，这个人真的有体臭。这样的话，你们觉得哪个我 —— 认为自己优越而且应该被善待的我，或者把人看作人的我 —— 会更有可能去帮助他解决这个问题？"

"噢，我觉得把人看作人的你会更愿意帮他。"皮提思回答。

"为什么？"

"这个嘛，如果你觉得他又脏又低等，或者如果你觉得他欠了你什么，你过去找他的时候就很有可能会招来他的反感。"

"大家同意这个看法吗？"尤瑟夫问。

"我觉得不一定，"卢说，"我担心，要是你把他视作人，你可能根本就不会去跟他说话。可能你会就这么算了。"

尤瑟夫露出了微笑："你还是担心把别人视作人会让你变得软弱，是吗，卢？"

"可能是，也可能不是，"卢狡黠地笑了笑，"只是你好像很可能会就这么算了也不愿意去伤害别人的感情。我只是这个意思。"

"要是我真的在乎这个人，我会让这件事就这么算了吗？"尤瑟夫回应说，"我会让他继续臭下去，让所有人都讨厌他吗？难道这就是在乎别人的人会做的事吗？"

"嗯，不，我想不是。"卢退让道。

"其实，"尤瑟夫继续说，"放任别人伤害自己和他人而不加以阻止，很少会是因为我把他们视作人。通常这都是因为我受到了另一种形式的自我开脱的鼓动，这种形式常常会让人变得软弱，也常常能让人为自己的软弱找到借口。"

"我对此很感兴趣。"卢说。

"我也觉得你会。"尤瑟夫微笑着说。

第十三章　关于战争细菌的进一步讨论

"实际上，"尤瑟夫回应说，"阿维会告诉你们，他最常用的一种自我开脱方式正好会让他变得软弱。"

小组成员们转头看着阿维。

"是真的，"阿维点点头，"我能和大家分享一下我关于这一点的想法吗？"他问尤瑟夫。

"请说。"

"我们在软弱中找到自我开脱的方法，"阿维开始讲述道，"通常是因为我们还带着第三种自我开脱的方式，这个方式被称作'重视他见'。

"它可以这样用方框来表示。"

"当我以这个方框里的方式来生活时，"阿维画完图表说道，"我也许会担心自己是不是招人喜欢。这样一个方框也许会阻止我帮助他人，阻止我做出正确的事，因为别的人可能会不喜欢

重视他见方框

对自己的看法 虚伪	**对别人的看法** 有威胁性 我的观众
感受 不安/害怕 缺爱/压力大 难以承受	**对世界的看法** 危险 时刻紧盯 爱评判我

我去帮助他人或做正确的事。我给大家举个例子。

"我们刚创立摩利亚野营地不久,"他开始了讲述,"我雇用了一个叫杰克的人来做我们的营地指导,负责和孩子们一起待在野外然后管理一切事务。没过多久我就发现自己犯了一个错误。原来,杰克很不擅长管理。他脾气差,而且总是把问题怪到别人身上,总带着'高人一等'的方框生活,觉得所有和他一起工作的人都不如他。结果就是,他总不顾批评,把失败全归咎到别人头上。而且他对他的同事们也总是很冷漠,很轻视,四处闯祸。我当然明白这是怎么回事,我也知道要是他想留在这里,他只能改变自己工作和管理的方式。他这人情绪很不稳定,我有点害怕直接找他正面对峙。所以我没有这么做,而只是暗自希望他会离开或者决定换份工作!"

"我就是这个意思，"卢脱口道，"你说到的那些事里我最担心的就是这个 —— 它们可能会让人软弱到极点。"

"但是在这件事里，我把杰克视作一个人了吗，卢？"

卢想了一下。他想说是，但突然明白了尤瑟夫和阿维的意思。

"如果对我来说他是一个人，那我肯定会很在乎他，想要助他一臂之力，你不这么觉得吗？"阿维说。

卢什么也没说。他意识到自己在这件事上处于劣势。

"我同意你的看法，卢，作为一个管理人员，软弱是我的问题。但是我也想说，在这件事上，我之所以软弱正是因为我把杰克看作了物，而不是人。我也许正处于'重视他见'的方框中，想招人喜欢，又或许我不想招惹麻烦，而这就让我完全忽视了杰克和摩利亚野营地的需要，而这本来对于二者来说都非常有帮助。就像尤瑟夫之前提到的，这种自我开脱的状态 —— '重视他见'等 —— 常常会让我们变得软弱。"

卢不由自主地轻轻点了点头。

"还有一种自我开脱的方式，"尤瑟夫插进来说，"皮提思在摩德夏的故事里也注意到了，他之前说到我转身离开也许是因为我不想表现得像一个不负责任、冷酷无情的人。换句话说，我是在自我展示，我需要被人以一种合理的方式看待。而我把菜叶子踢到橱柜下面也是差不多的情况，也是我在进行自我开脱，这样就没人能说我肯定看到了，所以应该把它捡起来才对。我把菜叶子踢到橱柜下，表现出了一点，那就是我需要别人认为我是一个考虑周到、有责任感、很爱干净的人——而要是他们觉得我是故意把菜叶子留在那里的，他们就不会这么评价我了。当然，我确实没有弯腰把菜叶子捡起来，而这么做也不比把它踢进橱柜下面费力，这一事实也表明我正处于我们之前提到过的一种自我开脱的状态中。你们觉得是哪种？"

"你太重要了，所以你不屑于把菜叶子捡起来，"格温回答，"我觉得你可能处于'高人一等'的方框中。"

"是的，格温，说得太对了，"尤瑟夫赞同道，"我觉得你说的是对的。也就是说，我们换种方式来讲，我觉得丽娜不重要，所以应该出她来担心这档子事。"

他顿了顿，让大家理解他的意思。

"跟这样看待你的人一起生活，会是一种什么感觉？"

这句话把卢拽进了一个问题之中，而在今早之前他从未想到过这件事。多年以来，他从未弯腰捡起过菜叶子或其他类似的东西。不像尤瑟夫，他甚至都没有想过要隐藏证据。东西掉到地上，他从没在意过；他不可能在这样的琐事上花心思。但现在尤瑟夫的话在他的脑中回响着：我觉得丽娜不重要，所以应该由她来担心这档子事。跟这样看待你的人一起生活，会是一种什么感觉？

这时，卢知道卡罗尔可以回答这个问题。他知道可能此刻她也正坐在这里思考同一件事。这么想着，卢突然感觉到了一阵于他而言似乎是完全陌生的感受，距离他上一次这么感觉已经过去很久了：一阵刺人的热度。他感到自己的耳朵变红了，脸也开始发烫。接着他明白了 —— 他很尴尬！然后他又因为感到尴尬而愈加尴尬，他的整张脸都红了。

他看向那个"高人一等"的方框 —— 优越、重要、善良、正确、不耐烦、轻视、冷漠，其他人都比自己低等、无能、错误等。

一切都正中要害。

接着他又回想起在飞机上和科里的对话。"我猜你肯定觉得我是在委屈你，爸，"科里那时说，"你更不高兴的是自己上了这架飞机。你觉得我只是又一次浪费了你的时间。"

科里说得对。卢对于不得不上那架飞机而非常生气，对于自己在公司分崩离析之时不得不离开也是这种感觉。这全都是因为一个面对卢给他的一切完全不懂感恩的儿子，一个玷污了家族姓名的儿子。一个小孩怎么能毁掉那么多东西，太不公平了！卢在内心怒吼。

"不公平"这个词突然跳出了他的头脑，他再次看向白板："'理所当然'方框——你认为人生不公平，而其他人都不知感恩，都错待了你。你总会感到憎恨，感到自己有权得到更多。"

是真的，卢对自己说，他确实感到自己理应有个更好的儿子——就像他的大儿子杰西那样的。接着尤瑟夫的话再次出现在他耳边："跟这样看待你的人一起生活，会是一种什么感觉？"

卢摇了摇头，再次看向图表："重视他见"方框——需要得到大家的认可。"不，我才不在乎，"卢想，"我没有这个问题。"但他随后就注意到这种自我开脱的方式经常会把别人视作威胁。那一刻他知道自己就是这样看待科里的。科里威胁着家族的声望和名誉，也使卢的名誉受损。"完了，"卢惊讶地想，"我确实在乎别人是怎么看我的。"

阿维的声音把卢拉回了现实。"最后，还有第四种常见的自我开脱方式。我们在讨论摩德夏的时候，你们也有人提到，尤瑟夫也许是因为担心自己其实是个坏人而感到难过。这种方式可以用'低人一等'的方框来表示。"接着他画了下面的图表：

"我能问个问题吗？"卡罗尔说。

"当然，卡罗尔，问什么都行。"

"从听到摩德夏的故事开始我就在想着这种视角，"她继续道，"老实说，我觉得自己在很多方面都属于这种人，但当我以

"低人一等"方框

对自己的看法	对别人的看法
没有别人好 破碎 / 不足 命中注定	得天独厚 幸运
感受	对世界的看法
无助 嫉妒 / 怨恨 压抑	艰难 / 困难 和我作对 无视我

这样的方式看待事物时，我并没有感到我为自己开脱。实际上，真要说的话，我的感觉恰恰相反。比如说吧，当我饮食失调的时候，我只觉得自己很没用，一点优点都没有。我丝毫没有觉得自己为自己开脱了。"

阿维点点头。"跟你讲一件事吧。"他说。

"其实我一直到接近 20 岁都还有语言障碍。我口吃很严重。我实在说不出那有多难堪。我因此远离他人，而且总在找借口自己一个人待着。我知道我有问题吗？是的。而且我知道，这是我自己的问题。但是它也影响了我对他人的看法。我渴望接近他们，但并不是出于爱或关心，而只是由于一种我难以摆脱的嫉妒。我嫉妒他们，因为我不能像他们一样，对他们来说言辞多么轻易。我总是害怕我会碰到什么障碍，所以每当我想说什么时，我的眼皮总在不停地颤动，很可悲。我想象过很多次这个场景，而且我总是害怕自己会显得很可笑。"

"我有没有感到我为自己开脱了？"他继续说，"这得看我们如何定义它。我没有为自己的口吃找借口，因为口吃不需要借口。仅仅只是有言语问题，或者其他任何的残疾，都不意味着我对别人的态度有任何的扭曲。虽然我没有为自己的残疾找借口，但我确实为其他事找借口了。实际上，我利用了我的残疾来为其他事情 —— 扭曲的事情，需要进行自我辩护的事情 —— 开脱。我利用我的残疾，为我的离群索居找了借口。这一点 —— 离群索居 —— 就需要自我开脱，因为这种行为很扭曲。我一有机会就从别人身边逃开，不允许自己回应他们的需求，同时又把一切都怪在我的残疾上。我告诉自己，因为我的残疾，别人不可能期盼我去做这样那样的事情。我用我的残疾来为自己开脱！这就是我为自己没能参与到世界之中找到的借口。"

听到这里，卡罗尔点了点头。"好的，我觉得我明白了，"她说，"所以在我这里，我可能并不是为我的饮食失调找借口，而是利用了我的饮食失调作为借口，为自己没能善待他人而开脱。"

"这一点很值得深思。"阿维说。接着他看了看他和尤瑟夫写在白板上的那些方框。"我现在看着这些方框，"他说，"然后把我从前的人生和它们进行比较，我得说，我绝对符合'低人一等'的描述。我也得说，'重视他见'的方框也让我有共鸣感。实际上，在我的生活中，'重视他见'和'低人一等'常常会同时出现。我一边遭受着口吃的折磨，一边又急切地渴求着他人的认可。结果就是，我因为害怕出丑而几乎不开口说话。就像方框表现的那样，我认为其他人都在评判我，都在威胁我，而我总感到自己正在被监视，被监听，被估值。因为我把自己和他人之间的纽带斩断了，我也一直生活在恐惧和不安之中。而我越是远离他们，我就会越焦虑。"

卡罗尔思考着这一点。"是的，我在自己身上也能找到这样的问题，"她说，"我觉得我有时会抽离出去，试图把自己藏进影子之中。而卢又是个那么成功、那么有成就的人，我经常会觉得自己配不上他，结果就是我常常会对自己感到失望。"

阿维点点头："我明白你的感受。我前 20 年的生命也大多耗费在这样的苦恼中。"

"那你是怎么做的？"卡罗尔问道，"难道你只是不再结巴了？"

阿维露出一个微笑："相信我，摆脱口吃可一点都不容易。"

"不，我不是这个意思。"卡罗尔说着，脸变成了粉红色。

"我知道，我知道，不用担心，"他说，"我只是在开玩笑。

但是我还是要回答你的问题，卡罗尔，口吃并不是问题所在。"

说到这里，阿维低头看了一会儿地板。"我怎么会知道的呢?"他重新看向小组成员们，继续说道，"因为在我克服了口吃之后，我还曾经两次试图自杀。"

这句话似乎吸光了房间里的氧气。

"一次是吃药，一次是用剃刀，"他眯起眼睛回忆道，"第二次的时候，是我母亲发现了我正躺在浴室地板上的血泊里。"

第十四章　通向战争的路

阿维把自己从试图自杀的回忆中拽出来，直直地看向卡罗尔。

"所以，不，卡罗尔，"他说，"我的口吃不是我问题的根源。其实，是我的内心正在开战——向别人，向我自己，向整个世界开战。在这场战争中，我利用了我的口吃作为武器，把自己逼到了这样一个位置，我看事物的态度和自己的感受都是扭曲的，都是需要进行自我开脱的。这才是我的问题。而我无力闯出去，直到我发现了自己对自我开脱的需要。"

"怎么发现的?"卡罗尔问道，她的声音几乎低不可闻。

阿维对她露出了微笑："这个问题，卡罗尔，我们明天再聊。"

"就这么完了?"卢问阿维，"你才告诉我们你两次试图自杀，而我们就要就此打住去吃晚饭了?"

阿维轻笑出声："你还想听吗？"

"这个嘛，我也不知道，"卢退缩了，"可能吧。"

"明天我会告诉你们的，"阿维承诺道，"但是在我们今天的最后大约四十分钟的时间里，我觉得我们最好回顾一下今天讲到的内容。这样，我们明天回来的时候就能确保大家都明白了。"

"首先，"他开始讲道，"我们提到了两种生存之道：一种是内心开战的状态，在这种状态下，我们会把他人视作物；还有一种是内心和平的状态，这种状态下我们会把他人视作人。大家要记住，我们学到了无论以哪种方式生存，我们都能做几乎任何事，无论是强硬的，还是温柔的，还是二者之间的。我想问大家两个问题：如果无论我们的内心是在开战还是处于和平，我们都能实施几乎所有的外在行动，那我们还应该在乎我们的生存之道吗？它还重要吗？"

"是的，"卡罗尔回答，"当然重要。"

"为什么？"阿维问，"为什么你会觉得它重要？"

"因为我见过开战的内心是如何毁掉一切的。"

阿维等着更多的解释。

卡罗尔继续说："自从我们的儿子走上歧途，我一直都对他很好，但我知道自己其实并不是真的想对他好。这种做法对我产生了一些影响。首先，我认为我陷入了'理所当然'的方框中，自以为我又贴心又善良，而他只是错待了我和家里的其他人。而科里能看出来我的感受，我知道，因为他这么说过我很多次，虽然我一直都在否认他的指责。"她温和地补充道。

"我觉得，过去的几年里我有很多时间都是在这种折磨人的愧疚感中度过的，因为我知道我并不真的爱科里，虽然我做出了一副很爱他的样子。"她顿了顿，眼中忽然噙满了泪水。"没有一个好母亲会这么做。"她抹去眼泪，哽咽道。她摇了摇头。"没有一个好母亲会这么做。"她再次犹豫了一会儿，说："我觉得我已经修筑起了'低人一等'的方框——我是个坏妈妈。"

"我觉得你对自己太苛刻了，"卢说，"科里是个很棘手的孩子，事实就是如此。这不是你的错。"

"这取决于你究竟指的是什么，卢，"她说，恢复了镇定，"我明白自己对于他犯下的错误不一定有责任。但是我对自己做的事情有责任。"

"是的，但是你做的都是好事，"卢主动说道，"我才是那个对他不好的人。"

"但是，卢，你没有看到吗？我们在说的不仅仅只是我做了什么或没做什么。是的，我给他做饭，洗他的衣服。我也站在那里承受了他的恶语相向，还有其他的事。但这只是表象。关键在于，当我表面上倡导和平时，我的心却在攻击他，还攻击你，"她加上一句，"因为你看上去总在向他开战。我也处于战争中，只不过我装作没有而已。"

"但在那种情况下，谁不会呢？"卢反驳说，"我是说，处于战争之中。"

"但这绝不是答案，卢！绝不是。"

"为什么不是？"

"因为如果是这样，那我们就都完了。也就是说，我们的所有经历，甚至我们的思想和感情，都被别人所掌控，所激发。也就是，我们都相信自己并不需要对自己最后的样子负责。"

"该死，卡罗尔，你就没意识到科里在干吗吗？他在让你为他犯的错误自责。那科里就不该负责任了吗？"

"但是在你描述的这个世界里，卢，他不可能负责。如果我们除了开战的心外，再也不能拿出其他态度来对待一颗也在开战的心，如果我们自己的心也正深陷战争，我们又怎么能期盼或者要求他改变他的态度呢？"

"但这一切都是他引起的！"卢怒吼道，"我们满足了他所有的需要！这是他的错！你这样子就是要为他推卸责任，自己全承担下来。我不会允许你这么做的！"

卡罗尔深吸了一口气，然后重重地吐出来，她的身体正因为这深重的伤害而微微颤抖着。她看着自己的膝盖，然后闭上了眼睛，脸因为痛苦而一片惨白。

尤瑟夫开口了："你在害怕什么，卢？"

"害怕？我什么也不怕。"卢说。

"那你究竟是不允许什么？"

"我不允许我的儿子毁了我的家庭还想全身而退！"

尤瑟夫点点头："你说得对，卢，确实不能这样。"

这就是卢一直在等待的回答。

"但那不是卡罗尔想说的。她一点也没提到要为科里推卸责任。她只是说了自己应该承担责任。"

"不，她是坐在这里为了科里的错误责备自己。"

"什么错误？她说过科里吸毒和偷窃是她的错吗？"

"没有，但是她说自己是个坏妈妈，但事实却是，哪怕我们的儿子稍微懂一点事，他都不会让她有这种感觉。"

"科里确实也没有，这才是她想说的。"尤瑟夫说。

"没有什么？"

"没有让她有这种感觉。"

"我听到她说的可不是这样。"

卢转向卡罗尔。"是这样，卡罗尔，"他开始说道，"我知道你心情不好，但是我不想让你承受你承受不了的东西。我不想让你就这样自己消化掉那些本来就不是你的问题，就这么简单。"

卡罗尔对卢笑了一下，脸上染满了悲伤："我知道，卢，谢谢你。但是尤瑟夫是对的。"

"什么对的？"

"我应该对自己的感受负责，而不仅仅只是对我做过的事情。"

"但要不是科里，你也不会有这种感觉！"

她点点头："你可能是对的。"

"看吧！"卢抓住机会说，"我就是这个意思。"

"是的，我看到了，卢，但恐怕你仍然没有理解。"

"什么意思？"

"确实，如果不是因为科里，我就不会有这种感觉，但这并不代表他就是造成问题的原因。"

"恰恰相反，这就代表他是。"卢反驳道。

"不，卢，不是。我为什么会知道呢：我现在不再有这种感觉了。科里确实犯过那么多错——他从前做过的一切错事，都是我怪他让我有这种感觉的原因——但现在我不觉得了。也就是说，并不是他让我有这样的感觉的。我其实一直都可以选择。"

"但就是他让你很难进行选择！"卢反对道。

"是的，"尤瑟夫开口了，"他可能确实造成了这种困难。但困难的选择仍然是选择。无论他们做了什么，没有人可以剥夺我们选择自己的生存之道的能力。让人难以应对的人也是人，我们永远都掌握着如此看待他们的能力。"

"然后我们就会被他们生吞活剥。"卢嘟哝道。

"他的话不是这个意思，卢！"卡罗尔辩护道，"把别人看作人不代表你就非得变软弱不可。萨拉丁的故事已经告诉我们了。哪怕面对战争，一个人也有可能拥有一颗和平的心。但是你是知道这一点的，卢。你跟我一样一直在这儿，而且你是个聪明人。也就是说，要是你仍然对这些事心存疑虑，那只能证明你根本就没有听进去。为什么，卢？为什么你不愿意听？"

这句责问让卢措手不及。通常对于这样尖锐的问题他都会立马儿反击，一举摧毁那个提问的讨厌鬼。但现在他却没有一点要这么做的渴望。卡罗尔，总是那么温和、那么害羞的卡罗尔，也许从未这样直接地批评过他，当然更没有当着那么多人的面说过他。但现在她却在反击卢的抱怨，她让别人逃脱了罪责，却不愿意放过他！卢开始觉得，他今天算是在他知道的最温柔的人身上学到了什么是外在的坚硬。他担心这个课程会让人变得虚弱无力，但卡罗尔却似乎就在他眼前往另一个方向脱胎换骨了。"一些自我开脱的方框会让人变得软弱。"卢还记得。也许卡罗尔之前就背负着这种方框，他想，所以也许放下这些方框会让她不时变得更加强硬。

"但我的问题不在这里，"他轻笑道，"如果我背负着什么方框，那它们一定是会让我更加强硬的——实际上，是非常强硬。"他再次轻轻笑了笑。所以也许放下这些方框就意味着我会多少软一点。虽然有了这样的觉悟，这个念头还是让卢有点担心。

"卢，"尤瑟夫的声音打断了卢的思绪，"你还好吗?"

"是的，很好。我很好。"

他向卡罗尔靠过去了一点。"我觉得现在我的听觉恢复了一点。"他低声说。"真他妈的，"他想，"我正在变得软弱。但突然之间他却不再那么担心了。"

"所以——"尤瑟夫继续说，环视着小组成员们。"卡罗尔在回答阿维的问题时提到，我们行为之下隐藏的东西——我们的生存之道——很重要。非常重要。大家同意吗?"

卢跟着其他人点了点头。

"那我要问各位另一个问题。如果关于生存之道的选择很重要，那我们是如何从一种方式换到另一种方式的呢? 具体来说就是，我们是如何从和平到开战——如何从视他人为人到视他人为物的呢？"

"通过自我背叛。"伊丽莎白回答。

"自我背叛又是什么呢？"尤瑟夫问。

"就是你通过摩德夏的故事告诉我们的。你本想帮助他，这代表你把他看作人，但接着你走了，而且开始为你为什么不该帮他找理由，这时他在你眼里就变成了物。"

"是的，说得很好，伊丽莎白，"尤瑟夫说，"说得非常对。所以自我背叛就是在违抗自己对他人的感觉，而这让我以不同的态度去看待别的人，看待我自己和世界。比如说，当我无视自己想要给我的儿子道歉的感觉时，我也许会告诉自己他才是应该道歉的那个人，或者他确实很让人头疼，或者如果我道歉了他就会觉得自己做什么都有理。不一而足。

"也就是说，"他继续说道，"当我违抗我对他人的感觉和我对待他们的态度时，我立刻就开始用可以为我的自我背叛开脱的方式来看待世界了。在这样的时候，我的视角和生活都变得扭曲了，如此一来，我内心也产生了进行自我开脱的愿望。"

"但如果我一开始就没想帮助别人呢？"卢问道，"说实话，我真没觉得自己经常都会想帮助别人。我这样是不是就不算是背叛自己了？"

"也许吧，"尤瑟夫退让道，"但是这可能代表着其他意思。"

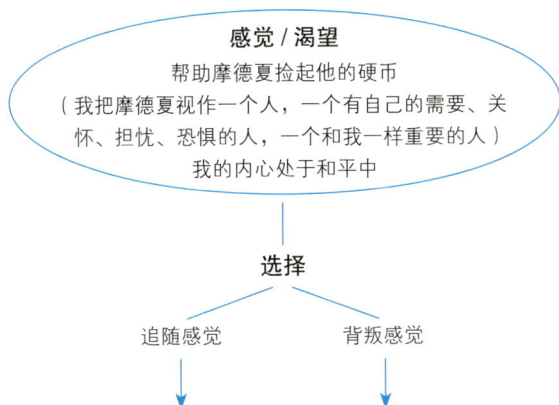

選択図表

感覚／渇望

帮助摩德夏捡起他的硬币
（我把摩德夏视作一个人，一个有自己的需要、关
怀、担忧、恐惧的人，一个和我一样重要的人）
我的内心处于和平中

选择

追随感觉　　　　　背叛感觉

对自己的看法	对摩德夏的看法
更优越	没有权利待在那里
受害者	毁了我的和平
（受到了亏欠）	犹太复国主义的危险
坏（但是被迫的）	分子
想要被视作一个好人	偏执狂
感受	**对世界的看法**
生气	不公平
难过	不公正
怨恨	有负担
合理	和我对着干

"什么意思？"

尤瑟夫指向"选择图表"。

"你们觉得，"他问道，"如果我在面对摩德夏时钻进了这个
方框里不再出来，会怎么样呢？"

有那么一会儿，大家都没有回答。

"什么也不会发生，"最后卢说道，"一切都和之前一样。"

"是的，卢，也就是说最终我会背负着这个方框，对吗？"

"对，我觉得是这样。"卢缓缓地回答道，试图读出这其中的暗示。

这时，尤瑟夫在图表上加上了一个箭头，示意这个方框将会一直和我们在一起。

"换句话说，"尤瑟夫接着说，"如果我钻进这个方框里不再出来，我就会一直背负着它。而当我下一次碰到摩德夏的时候，我很有可能又会以方框里的方式做出反应——从头到尾，是吗？"

尤瑟夫等了一会儿，看到大家的眼睛里都浮现出了了然的神采。他知道他们都明白了，于是继续说道："那如果我一开始就站在这个方框里，你们觉得在我和摩德夏的下一次接触中，我还会想要帮助他，或者帮助我认为和他属于一类的人吗？"

"噢，我懂了，"卢说，"不，你不会。你会在一开始就感到困扰、怨恨和生气。而在这样的状态中，你可能根本不会有想要帮助别人的感觉。"

"我就是这个意思，"尤瑟夫赞同道，"我可能会落得这么个下场，那就是我会一直困在这样的方框里，把别人看作物。当我的方框越变越大后，可能每当我感到我自我开脱的方式受到挑战和威胁时，我都会爆发。比如说，如果我需要被人看作聪明人，每当我感到自己的智力受到质疑时我都会非常不安，出现这种情况可能是因为我需要做公开演讲，也可能是因为我觉得别人都在评判我。如果我自我感觉优越，那我可能会在别人不承认我的优势时，或有人试图打压我时，感到生气或看不起别人等。我不再需要通过背叛我对他人的感觉来让自己进入方框里，因为我已经身处其中了。当我在方框里时，我对于他人的冒犯总是非常警觉，而且每当我的自我开脱受到威胁时我都会爆发。"

"所以你的意思是，如果我没有这种感觉，这可能意味着我已经身处方框之中了，也就是说，我已经背负着我的方框了。"

"我觉得这很有可能，对。"

卢思考着这一点。

"我有一个和卢不同的疑问。"卡罗尔说着，举起了手。

"当然，请说。"

"我的问题不在于我很少体会到这种感觉。我担心我的这种感觉可能太多了。说实话，我一想这个问题总会感到有点喘不过气，因为我必须得去做所有我觉得自己应该做的事情，才能不背叛我自己。"

"我也存在这样的问题。"瑞亚说。

尤瑟夫点点头："那看来，自我背叛还是一件好事了。"

"不是吗？"卡罗尔满怀希望地问。

"不是。为了弄清楚为什么不是，我们还是再看看这个选择图表。注意，图表里有两点关键：首先，我们说的是'追随'和'背叛'，而非'做'和'不做'。我们也要注意，在'感觉'的旁边就是'渴望'一词。也就是说，我们说的这种感觉其实类似于渴望。能跟上吗？"在继续解释前，他问卡罗尔道。

"能。'追随'和'背叛'，还有'渴望'——我明白。"

"好的，那么我问你一个问题：你有没有曾身处这样的困境之中，那就是你确实无法去为别人做一些你觉得自己应该要做的事，但内心里仍然会希望自己当时去做了？"

"当然，我总这么觉得，"卡罗尔回答，"这就是我想说的。"

尤瑟夫明了地点点头："注意，这样的感觉经历和我的其实是不一样的。在我这里，在我没有伸出援手之后，我还想去帮助他吗？"

卡罗尔再次看向图表："不想。"

"是的，我不想。你说得很对。所以我们要注意其中的区别：在我的故事里，我一开始是想帮助别人，但最后心里却满是鄙视。在你的故事里，你却是开始和结束时都想帮助别人。"

他停顿了一下，让大家领会他的意思。

"在这样的情况下，也许你确实没有实施你认为最理想的外部行为，但你仍然保持着自己在一开始的感受或渴望。也就是说，你仍然想要去帮助别人。我猜，那时或许你还有许多其他的事需要完成，所以无暇兼顾你理想中的行动。我说得对吗？"

卡罗尔点了点头。

"而这就是生活，"尤瑟夫耸耸肩道，"无论何时，我们都会有许多理想中的事情可做，这太寻常了。无论我们有没有这么做，判断我们有没有背叛自己的标准，也仍然是看自己是否还有去帮助他人的渴望。"

"好的，我明白了，"卡罗尔说，"所以你是说，帮助他人的渴望才是我选择追随或背叛的感受，而非我到底有没有做某件特定的事。"

"是的，卡罗尔，我就是这个意思。这就是为什么我们在选择图标中要用'追随'和'背叛'，而不是'做'或'不做'。"

"顺便一提，"他继续说道，"这也说明了一个问题，那就是哪怕我确实按照自己觉得理想的方式行动了，我也有可能仍然身处方框之中。我们可以想一下摩德夏的故事。假设我在进入到方框之中以后看见了某个认识我的人，出于羞愧，出于不愿让自己看上去很冷漠的原因，我转身去帮助摩德夏捡起了他的硬币，但同时却只觉得自己是被迫的。这样的话，我在帮他时是将他看作人吗？"

"不是。"

"我是否还有想要帮助他的渴望呢？"

"没有了。"

"所以我是追随还是背叛了我帮助他人的感受？"

"背叛了，"卡罗尔说，"好的，我懂了。这不仅仅是关于行动，对吗？这远比行为更深。"

"正是。哪怕我看上去是在帮助别人，我的内心也不会平静，这也代表着我背叛了我自己一开始想要去帮助别人的愿望。"

卡罗尔听到这里脸色变了变，又咬了咬嘴唇："那我又有另一个问题了。"

"请说。"

"你说的那种困境 —— 哪怕我帮不上忙但仍然有想帮助别人的渴望 —— 确实解释了我过往的经历，但并不是全部。"

"请继续说。"尤瑟夫鼓励道。

"是这样，在很多时候，当我不能帮助别人时，我也不觉得自己内心很和平。坦白讲，有时我的内心也在遭受煎熬。我觉得很难承受 —— 很焦虑，压力也很大，因为我没法帮别人。这种感觉攻占了我，我没办法放松，也找不到平静。比如说，如果我的家里不够干净，当我们邀请别人过来做客时我就会非常不安，因为我没有把它打扫干净。"

"啊，"尤瑟夫回复道，"那在这种情况下，你似乎也身处方框之中，对吗？"

卡罗尔点点头。

"而你可能真的是，卡罗尔。当然，这只有你自己才能确定，但是我觉得你可能建立起了一种过于活跃的'重视他见'方框。可能你背负着这样一个方框，在其中你需要被看成是一个乐于助人或体贴友善的人，一个接近超人的人。任何一种'重视他见'之框都很可能会在你脑中增加你认为自己需要承担的责任，而当你做不到的时候，它们也会更容易夺走你的和平。"

卡罗尔轻轻地在椅子里动了动。"这说的简直就是我本人，"她说，"我就是这个样子。"

她看向尤瑟夫："那这些究竟是从哪儿来的呢？"

"什么这些？"

"就是这些方框——比如说这个'重视他见'的方框。"

"我们再看看这个选择图表。"他说。

他指着图表继续说道："在这个故事里我是从什么时候开始背负方框的呢——无论是这方框究竟是'高人一等''理所当

然'‘低人一等’还是‘重视他见’？"

"就在你背叛自己的感觉后。"

"正是如此。也就是说，我们是在选择中建立起自己的方框的。我们每一次抽身而退、责怪他人时，我们都会感到需要为自己的行为进行开脱，于是我们便开始着手制造一个自我开脱的方框，而随着时间的推移，方框的墙也会变得越来越厚。"

"但是，为什么我会建立起‘重视他见’的方框呢？这和别人的不一样。"卡罗尔接着问道。

"问得好，卡罗尔，"尤瑟夫说，"如果你和大部分人一样，那你建立起来的方框也许会综合几种不同的方框中的特征。"

"我觉得我通常都属于‘低人一等’和‘重视他见’这两个分类。"卡罗尔说。

"我不是，"卢插嘴道，"我总是‘高人一等’和‘理所当然’两种。"

"真意外啊！"格温开玩笑地说。

"对啊，还真没想到。"伊丽莎白赞成道。

"我可不想让你失望，"卢说，"你心里就是这么看我的。"

"那为什么卢和我会有不同的方框呢？"卡罗尔把话题带回到刚才的问题上。

"说到这些方框，"尤瑟夫回答，"不要太过纠结于这些不同的分类。它们只是表达上的工具，能够帮助我们更清晰地认识到自我开脱这件事而已。它们表现出的不同点其实都是我们自己归纳的。我的意思是说，我们的共同点其实远远大于不同点。你和卢跟这个星球上的其他人一样，都因为贯穿自己一生的无数次自我背叛而需要为自己进行开脱。如果我们采用了不同的方法，那也只是因为我们是在不同的背景下为自己开脱的，而我们总是会向最方便的那一种方式伸出手。比如说，如果我是在一个充满了批评和苛求的环境中长大的，可能对我来说，在'低人一等'和'重视他见'的方框中寻求庇护、为自己开脱会更方便。而另一方面，对于那些在富裕优越的环境中长大的人来说，'高人一等'和'理所当然'则是更自然的选择。在后一种情况下，'重视他见'可能也很容易出现。

"但这其中的重点在我们每个人身上都一样，那就是无论用什么方式，我们都会为自己开脱。这是我们自己做出的行为，所以我们也可以不再这么做。无论我们是用优越感还是在低人一等的感觉来为自己开脱，我们都可以找到不再需要开脱的方法。我们可以找到通向和平的方法 —— 深沉的、持久的、真正的和平 —— 哪怕我们的身边正有战争围绕。"

"怎么找？"卡罗尔问。

"阿维几分钟前说过了，这是我们明天会讲到的话题。

"而今晚，我们希望大家都能思考一下自己背负的方框，还有你们身上最主要的那种自我开脱的方式究竟是什么。

"我也希望大家可以想想你们的方框——你们那正在开战的内心——是如何导致你们生活中的那些外部的战争的。"

"还记得这个'合谋图表'吗?"他指着那副描述阿维和汉娜的修边争端的图表问道。

小组里的大部分人都点了点头。

"请各位今晚也找找自己生活中的模式，"他说，"看看你们在什么地方最容易激起别人身上那些让你们痛恨的缺点。想想在应对这样的情况时，你们身上可能背负着什么方框。试着找找你们究竟在维护什么样的自我开脱的方式。"

尤瑟夫环视了一圈小组。"总而言之，我们希望各位在今晚，"他说，"去发现你们自己的战争，想想你们自己的争端。以中东事件为例，其实我们在自己生活的某些方面也是巴勒斯坦人和以色列人。无论是对我们自己还是对我们爱的人，这种方式都不能使我们成为更好的人。"

"祝各位晚安。"

第三部分

从战争到和平

第十五章　道　歉

　　那天晚上卢几乎没有睡着。他辗转难眠，脑海中一遍又一遍地播放着自己在过去的 30 年里犯下的错误。他不能否认，科里在他眼里就是物。哪怕只是想到科里的名字，他的心也会被怒火煽动。但是在这个夜晚，他有了一种新的感觉 —— 渴望摆脱自己在想到科里时的那种心痛，而非想要摆脱科里本人。他想让他的儿子回来。或许，更准确地说，他开始渴望再次成为科里的父亲。

　　说到心痛，他在把凯特赶出去时感受到的痛楚现在也开始变得尖锐起来。他回想起了那次在会议室中的见面，他之前认为自己是在镇压叛乱，但现在他开始以全新的视角看待自己的言语和怒容了。他那时简直太幼稚了！他不能承受失去凯特的代价，但是他的自尊却把他逼到了悬崖边上，使他对一个显而易见的事实视而不见，那就是造就了查格茹公司辉煌的不是他，而是凯特。我怎么会那么盲目！我该怎么办？我该如何挽救公司？

但到了晨光熹微时，他的思绪和痛苦又飘到了别的地方。31年来，卡罗尔（他注意到她整晚都睡得很熟）把自己的生命都献给了他，但他回报她的却太少太少。他们是在锡拉丘兹大学的一个舞会上认识的。卡罗尔当时正在和卢的一个朋友约会，而那晚独自到场的卢却无法把目光从她身上挪开。那个傍晚由他一直在思考这样横刀夺爱会不会不够义气开始，但到了快结束时，他已经顾不上义气，只想着该如何接近她了。

在那之后的几个月里，卡罗尔在卢的眼中都是一个矛盾体。一方面，她的态度总是如此亲切放松——爱笑，时时都准备着迷人甚至睿智的回答。总之，她很有趣。和她说话很有趣，开玩笑很有趣，在一起也很有趣。但另一方面，她又带着一种本能般的谨慎。她是牧师的乖乖女，已经习惯了事事都要考虑男人们的意见。她父亲总喜欢邀请她的追求者们和他一起到地下室去"看看他的火车"，但真到了下面后却会连灯都不开就威胁道，要是他们敢对他女儿做什么不得体的事，他就宰了他们。作为这个长长的队伍中的最后一个人，卢也被教训了一番。他觉得，要是来的是个住在牧师镇子上的高中男生，可能还真会被他吓到。但是，作为一个大学里的低年级学生，她父亲的教会和信仰并不会对他造成心理负担，这番教训只不过让他觉得又多了一个阻碍而已。在那时，他已经无可救药地爱上了卡罗尔·杰米森。而且他明白，只有杰米森先生认可了他，卡罗尔才会完全爱上他。

他花了很多时间同她父亲和他的"火车"待在一起。

卢就这样一边和卡罗尔约会，一边接受她父亲的教训，成绩一落千丈。但他已经回不了头了。哪怕在学习时间和上课时间他脑中也总想着卡罗尔，所以就算是抽身离去也毫无作用。最终，卢这个并不太虔诚的基督教徒终于赢得了卡罗尔那位为宗教呕心沥血的父亲的认可，接着他便求婚了。就是在这个时候，卢见识到了卡罗尔的独立。她可能跟她父亲一样谨慎，但却绝不会盲目地根据他的认可与否行事。卢第一次求婚时，她告诉他她得再想想。他的戒指搁了五个月，她才终于答应让他把它戴到她的手指上。那一刻卢永远记得："好的，卢，我嫁给你。"那个细雨绵绵的周六下午，他们从教堂做完礼拜出来开车回家时，她突然对他这么说道。

"什么？"卢没控制住，脱口问道。

"我会嫁给你，卢。我会把我的人生献给你，献给我们的家。"而她确实这么做了。

当卢回想起这件事时，他知道自己并没有回报她一心一意的付出。噢，他的目光从未落在别的女人身上。他错不在此。不，他的问题不是偶尔会对别的人产生情欲，而是他对自己无尽的渴望——对自己获得成功的渴望，对在世界上获得一席之地的渴望。

一开始，卢完全无意伤害她，而只是决定要应征海军去越南参战。就在卡罗尔思考要不要接受他的求婚时，他便已经开始考虑要入伍了。也许是因为怕她拒绝，也许是因为怕被她拒绝后自己会成为大家的笑柄，又或许是因为热烈的爱国之情，在卡罗尔忽然提出接受他的求婚前两天，卢参了军。而那之后，他们要再过五年才能携手步入婚礼的殿堂。

这是 25 年前的事了。婚后不到一年，他们的第一个孩子玛丽降生了，两年以后他们迎来了第二个孩子杰西。卢的第一家公司在这不久后也"降生"了，而随着公司的成立，卢对工作的痴迷让卡罗尔不得不负担起单亲母亲的责任——哪怕现实里不是真的单身，在感情上也是。他们的第三个孩子科里出生一天之后，卢才终于赶到医院见到了他，见到了卡罗尔。"纽约的会确实推不了。"他那时这么告诉她。这些会议总是一点都等不了，哪怕从华尔街到纽黑文的耶鲁医院只有 90 分钟的路程。

卢的缺席伤害了卡罗尔，但她那时已经习惯了。卢不喜欢别人告诉他什么时候该做什么，所以这么多年来她已经学会了不向他索取太多。她身上矛盾地综合了无私的奉献和坚强的独立，而正是这一点支撑了他们的家，如果那还算一个家的话。他被那段时间的记忆吓到了。在他们结婚大概 10 年之后，卡罗尔曾经让他去做一件什么事，而他则把她叫到了他们的衣帽间里。她不知道为什么，但还是畏缩地跟着走了进去。卢指挥她穿上了一条他的裤子。她一边听从他的指令，一边疑惑地看着他。"卡罗尔，"他那时说，"你注意到这些裤子有什么特点？"

"它们对我来说太大了。"她说道，裤腰在她身上张着大大的口。

"那你可千万别忘了！"卢断然喝道。他指的不是他们腰围的不同，而是他感到自己正背负着的重大责任。

这段记忆让他不由打了个冷战。要是卡罗尔的父亲还在世，卢知道自己肯定值得他用"火车"好好招呼一顿。

第二天早上，卢和卡罗尔沉默地驱车前往摩利亚野营地，他的头脑中仍然萦绕着前一晚的思绪。当他们接近办公室时，他感到再也不能压抑自己的想法了。"卡罗尔，对不起，"他说，"我对不起你。"

"什么事对不起我？"

"什么事都对不起你，"他悲哀地摇摇头，"你值得我爱，但我却没有那样去爱你。你总是支持我，我却没有一直支持你。"

有那么一会儿卡罗尔什么也没说。她的眼中开始涌上泪水。"你支持过我，卢，"她最终说道，"你有时确实身在其他地方，但是你总是会回到我的身边。很多女人都没有我那么幸运。没有多少人能说她们从来不用担心，但是我可以说我从来不用担心你，卢。无论你对其他事情奉献了多少，我一直都知道你也在为我奉献。"

"但我不应该仅仅只是'也为你奉献'，"卢说，"这远远不够。"然后他表情严肃地说："我一定会补偿你。我保证。"

在短暂的沉默后，卡罗尔说："你并不是唯一一个需要道歉的人。"

"什么意思？"

"你知道我的意思，"她说，"我想，我是在支持你，但是我的心却并不真的在那里。我已经默默地责备了自己很多年了。"

"但你完全有理由这样。"卢虽然在为她辩护，但也是实事求是。

"我有吗？"她向他转过头，"我越是去想自己有多少需求未被满足，这些需求就变得越大，让我完全无法体察到其他人的需求——你的需求，以及科里的需求。"

"你又在苛求自己了，卡罗尔。"

"不是，卢，苛求自己这件事我已经无声地做了很多年了。

我现在不是在苛求自己，我只是终于注意到了我内心的斗争而已。"

"但这么多年来，你一直都在迎合别人的需求，卡罗尔。你从来没有为自己而活过。"

卡罗尔虚弱地笑了笑："我也是这样告诉自己的，卢，但这不是真的。我现在明白了。"然后她又说了一句："我一直都在恨你，卢。"

这句话击中了他。

"恨我？"他不可置信地重复道。

"我责怪你，在每一件微不足道的小事中责怪你，"她顿了顿，"我有没有忠实地完成自己的家务活？有。但这只是行为上的，你还没明白吗？我每次打扫完卫生，都会感到自己又往自怜自艾中陷进去了一点。而且多年来，我一直为没能像我应该做的那样体谅你而感到十分自责。这就是一个让人只能下坠的旋涡。"

卢不知道该说什么。"那你打算怎么做？"他终于问道。

"我也不知道。我希望今天能得到更多提示。"

说完，二人的谈话也走向了沉默，卢和卡罗尔各自在安静之中思考着自己的困境。两分钟后，摩利亚野营地到了。

是时候更进一步了。

第十六章　战争中的礼物

"好了，各位昨晚过得怎么样？"小组成员们分别就座后，阿维便带着大大的微笑问道。

卢环顾四周，惊讶地发现自己身处这个房间时竟有一种归属感，仿佛身边的人都是朋友一样。是的，他们就是成了朋友，他想。皮提思，越南的战友，也是个头脑清晰的学生。伊丽莎白，高傲的英国人，有些小幽默，而且在对待自我时坦率得令人吃惊。瑞亚和米格尔，奇怪的一对，在洗碗的问题上还没达成共识。珍妮安静而怕羞的父母，卡尔和特里。甚至还有格温，卢狂暴的对手，曾经说过卢是个种族主义者。卢意识到自己竟然连看见格温都很高兴，兀自笑出了声。

"卢，什么事情那么有意思？"阿维问道。

"噢，没什么，"他微笑道，"我只是很高兴能在今天早上见到各位，就这样。"

"包括我?"格温带着苦笑问道。

"尤其是你,格温。"卢笑了。

在这一刻的温馨之中,大家都很容易忘记从昨天早上以来一切都变了。

"所以,我们是如何走出方框的?"阿维故意问道,"我们的心是如何从战争走向和平的?这就是我们今天要讨论的问题。"

"太好了,因为我真的很想知道答案。"卢说。

"实际上,卢,你已经活在答案之中了。"阿维回答。

"不,我自己不觉得。"卢笑道。

"你当然有。对比一下你今天和昨天早上对大家的看法和态度就知道了。"

卢感到仿佛有人突然打开了一盏他早已习惯对之视而不见的灯。他对这个房间和这些人的看法和态度确实变了。他发现了。但究竟是怎么变的?

卢说出了他内心的想法:"你说得对,确实,对我来说今天早上一切都变了。但是为什么会这样?"他问:"怎么变的?"

"给你讲个故事可以吗?"阿维问道。

"请讲。"

"还记得我之前口吃还试图自杀的事情吗?"

卢和其他人都点了点头。

"我想告诉大家究竟发生了什么。要说清楚这件事，还得从1973年开始讲起。"

阿维缓缓地在房间的前部踱步。"1973年10月5日，我庆祝了我15岁的生日，"他开始了讲述，"第二天就是尤姆祈布节，又叫赎罪日，是希伯来历中最为圣洁的日子。在以色列，我们到了这天都会祈祷和禁食，每个人——甚至是以色列的国防军——都会回到家里或犹太会堂里举行宗教仪式。

"而那天下午两点整，埃及和叙利亚忽然发起攻击，分别从南面和北面攻打进来。我永远也忘不了那尖利的警报声，正是它召集了所有预备役军人，让他们停止祷告，穿上制服。我的父亲也是一个预备役军人，他只花了几分钟就从我们位于特拉维夫市的家里冲了出去。他的军队正往北边行进，沿着戈兰高地抵抗叙利亚军队。

"那是我最后一次见到他。"

阿维顿了顿，又继续说道："我那时年纪还很轻，从小听着'六日战争'[1]中那种大卫对抗歌利亚[2]般的故事长大，所以我一直在期盼着他能在一周内回来。但是三天之后他就死在了迫击炮

1　即第三次中东战争，发生于1967年6月初。在此次战争中，以色列以极小的代价重创埃及、约旦和叙利亚三个阿拉伯国家，取得了压倒性的胜利。
2　见《圣经·撒母耳记》上第17章。歌利亚是传说中的巨人，连续40天，每天两次向以色列讨战，最后被年轻的大卫击败。后用"大卫对抗歌利亚"来形容以弱胜强。

下——他的尸首和其他许多人的尸首一起堆在了一个叫作眼泪谷的地方，这名字倒是名副其实。

"我最好的朋友是一个以色列阿拉伯人，名字叫哈米什。他父亲和我父亲在同一家公司上班，我们就是在公司为员工家属举办的一次聚会上认识的。他住在雅法，我家住在特拉维夫市的南边，相距并不远。我们经常在一起玩。

"在和我一起玩的所有孩子里，哈米什是唯一一个从未取笑过我的结巴的人。而且他不仅仅是不拿我取乐，我知道他心里也从没因此而看不起我。毕竟，在两个亲密的朋友之间，几个字没说清楚又算得了什么呢？

"哈米什知道我父亲的事后便赶过来安慰我。但我却生气地把他赶走了。我永远也忘不了当时的场景：哈米什在我家门口几近虔诚地垂着头，但我却对着他连骂了一整串脏话，怪他害死了我父亲。我怪他，怪我最好的朋友，怪我少年时代最好的玩伴。他杀了我父亲——他还有那些和他信仰相似、外貌相似的人。我就是这么说的。

"我怒火中烧，而他只是垂着头从我家门口的台阶上退下去，在沉默中转身离开了。他孤零零地走下了那条街，走出了我的生活。

"突然间，我生命中最重要的人中的两个都走了——一个是犹太人，死在阿拉伯人的武器下，另一个是阿拉伯人，被犹太人的言语流放了。

"当然，遇难者还有一个。我们学过了，这样不把他人当人看需要我不断地为自己开脱。我开始在头脑中灭绝这个种族。阿拉伯人都是吸血虫、懦夫、小偷、杀人犯——他们本来都是该死的狗，全是因为以色列人网开一面才能苟且偷生。但我直到多年后才意识到，当我不把他人当人看时，我其实也没有把所有人当人看——包括我自己。而对阿拉伯人的仇恨发展到后来，我连所有不同意我的看法的犹太人也一并仇恨了。我也恨我自己，而就是因为恨我自己，我最后才会躺在亚利桑那州坦佩市的那间浴室里，才会倒在那片血泊之中。

"但正是通过这件事，我认识了尤瑟夫。

"我在父亲死后极其消沉，我母亲被我吓到了，于是在1974年的夏天把我送到了美国，让我和她的哥哥一起住。正是在那里，我开始憎恨起另外两种人：第一种是虔诚的犹太人，我的舅舅就是一个典型。他事事都以上帝为方向，但要真是有上帝，他的目光肯定也没有放在我们身上；第二种则是那些富裕的美国人，走到哪儿都带着一堆玩具和小物件，总是斜着眼看着我这个被迫戴着犹太帽或者小圆帽的口吃少年。

"我一直在和自己的口吃对抗，并且将这看作求生一般，看作对自我的保护。到了我进入亚利桑那州州立大学的时候，我终于能够多少控制住它一点了。但我仍然孤身一人——我把自己与身边所有能说能动的人隔离开了。我十分孤独。"

"你们也许会觉得，我的困境会换来优异的成绩，"他轻笑出声，为自己的故事减轻了一些沉重感，"因为我可以把时间都花在学习上。但是和很多孤独的人一样，我比那些喜欢社交的人更容易被他人占据。你们看，我其实从来都不是真的孤身一人，哪怕我在物理上将自己和他人隔开了，我也总在想着我父亲、我的同胞、阿拉伯人，还有哈米什。每一个我恨的人都在跟着我，即使是在我孤身一人的时候。他们必须在这里，因为我必须要记住我究竟在恨什么，我究竟为何而恨，这样我才能提醒自己时时远离他人。

"在我第二次试图自杀后，我在医院住了一小段时间，然后被放了出来，思考自己的人生。那时我的人生似乎一片灰暗。我在大学的第一年以试读结束，第二年则更糟。我期盼着被学校开除。五月上旬的一天，我收到了教务长发来的一封信——我的退学通知。

"但这只是我的想象。那其实是我的最后一条充满善意的救生索。我被邀请参加一次为期40天的生存项目，而这个项目就是由学校里的一名老师组织的——他是个阿拉伯人，名叫尤瑟夫·阿尔法拉。"他向尤瑟夫伸出一只手，后者微微点了点头以示回应。

"当然，因为这一点，我肯定是不会参加这个项目的，"阿维继续说道，"我宁愿被开除，也不想跟一个煽动仇恨的人在一起待上 40 天。因为我自己就是个煽动仇恨的人，所以我当时觉得他肯定也是。我也这样告诉了我母亲，那时她已经搬到了美国。

"'阿维，你必须参加这次项目，'她当时骂我说，"'否则你就别当我儿子了。别以为我不是认真的，'她继续说，'你已经两次试图从我的生命里消失了，你身上有种东西偷走了我四年前的那个孩子。所以我来帮你做决定吧，阿维，如果你因为自己对那些素未谋面的人抱有的盲目的敌意而拒绝这次机会 —— 这次你本来也配不上的机会，那你以后也不是我儿子了。当然，你也不再是你父亲的儿子了。"

阿维说到这里，停下来深吸了一口气。"所以我去了，"他说，"我去和我的敌人住在了体一起。"

大家等着他继续说下去。

"所以到底发生了什么？"格温问道。

"我来说行吗？"尤瑟夫询问阿维的意见道。

"当然可以，"阿维说，"请说。"

尤瑟夫走到大家面前："为了能方便大家理解，也许我们可以先讲一下昨天发生在这里的一件事 —— 讲讲卡尔和特里的女儿，珍妮。"

"珍妮！"卢想。他不敢相信自己竟然完全没有想起她。

"卡尔，特里，"尤瑟夫问道，"你们介意我告诉大家你们是怎么把珍妮带到这儿来的吗？"

突如其来的注目让卡尔有点不自在，但他还是说："没关系。"

"你确定？"

"是的，请说吧。"

"特里呢？"

"当然，没事。"

"好吧，"尤瑟夫把脸转向小组里的其他人，"昨天早上，当珍妮上了她父母的车时，她并不知道自己是被送来参加一个治疗项目。现在你们知道我们其实并不推荐这种做法，但当时它确实发生了。珍妮的哥哥也在车里，他搂着珍妮，这样当她的父母告诉她实情时，她就不能从行驶的车里跳出去了。你们都看到，珍妮从她哥哥的手臂下逃脱出来蹦到对街后是一个什么样的状态，但你们可能没有注意到，她当时没有穿鞋子。早上九点不穿鞋子可能没什么，但在亚利桑那，当太阳开始炙烤城市里的马路时，我向各位保证，那滋味就不好受了。哪怕在四月也是如此。

"我昨天下午也提到了，我们开始上课不久珍妮就跑了，我们这边的两个年轻人便去追她。我想告诉大家的是，在他们跟着她的这几个小时里究竟发生了什么。"

"几个小时?"卢问道。

"是的。跟着她的两个年轻人一个叫李梅，一个叫麦克。他们都是我们项目之前的学生，现在和我们一起工作。李梅20岁，麦克22岁。

"实际上，今天早上他们也在这里。"他说着，朝房间的后部伸出手。

大家纷纷回头看。

李梅和麦克都穿着舒适的旧卡其裤和T恤，正在对他们回以微笑。麦克从头上解下头巾舞了舞，样子就像是一个棒球手正脱下帽子向大家致意。李梅则害羞地挥了挥手。

"你们能到前面来讲讲昨天的事吗?"尤瑟夫问。

他们微笑着点点头，然后走到了前面。

"是这样，"麦克开始说道，"你们进到大楼里大概15分钟后，珍妮就跑了。我和李梅开始追她的时候，她已经领先了几个街区。我们一边追一边叫她，但珍妮朝我们大吼，而且开始尖叫，说她父母欺骗了她。"

"抱歉。"这时他意识到自己言辞不当，便对卡尔和特里说道。他抱歉地低下头，缩了缩。

卡尔摇摇头，漫不经心地摆摆手，打消了麦克的疑虑。"不用在意。"他说。

"珍妮当时哭个不停，"李梅插话道，"我们说什么都没用；可能还让情况更糟了。她越跑越快，而且还想翻墙甩掉我们。"

"她一直在跑越野障碍赛。"她妈妈说道，语气中充满歉意。

"猜到了，"李梅笑道，"但是我们也尽力去追她了。"

"也尽力去跟她说话了，"麦克补充道，"我们一边跟在她后面一边试着跟她说话，这种情况持续了好一会儿。但这时李梅注意到了一件事。"

"什么事？"特里问。

"珍妮的脚在流血。所以我们问她，能不能叫人给她拿双鞋来。"

"然后呢？"特里问道。

麦克摇了摇头："她不愿意穿鞋。"

特里叹了口气。

"但李梅坐了下来，"麦克继续说，"开始脱自己的鞋。'那你穿我的吧，珍妮，'她说，'你的脚受伤了，我的没事。穿吧。'但是珍妮骂了她，我还是不重复了，继续讲吧。"

珍妮的父亲卡尔无可奈何地摇摇头。

"不过没关系，"麦克继续说，"李梅还是脱了鞋。"

特里和卡尔用询问的眼光看着他们。

"麦克也脱了，"李梅补充说，"他立刻就停下来脱了自己的鞋。然后我们继续去追她。"

"光着脚？"卢问。

"是的。"李梅回答。

"有多久？"

"噢，"她说，"大概三个小时。"

"三个小时！光着脚跑在马路上？还是在凤凰城？"

"对。"

"但是为什么？"

"问题就在这里，"尤瑟夫这时开口了，"我猜，连李梅和麦克自己都说不清楚为什么。他们就是知道，这么做是对的。"

"但这没道理啊，"卢反驳道，"她又不想穿他们的鞋。他们这么做只能让自己受伤吧。"

"其实，卢，"尤瑟夫回应道，"这就是全世界最有道理的道理。当他们让自己受苦时，他们也完成了一件非常重要的事情。"

"那是什么事？完成了什么？"

"就是这件事。"

第十七章　不穿鞋的征途

"不，我说真的，到底完成了什么？"卢坚持道，"脱掉他们自己的鞋到底有什么用？"

"确实没有什么用，"尤瑟夫回答道，"但重要的是它带来了有用的东西。"

"好吧，那它带来了什么有用的东西？"

尤瑟夫看着李梅和麦克，问："你们想来说说吗？"

"当然，"李梅说着看向卢，"赫伯特先生，其实我也不确定它带来了什么有用的东西。"她说道。

"她怎么知道我是谁？"卢想。

"但是我知道后来发生了什么——珍妮身上，"她继续说，"她自己决定要参加到项目中来。而且我猜这一点你肯定没有料到。"

"确实，"卢惊讶地扬起眉毛，承认道，"我确实没料到。"

然后他又问，"她怎么会参加呢？"

"是这样，几小时以后我们终于到了一家商场里。珍妮朝她的一个朋友跑过去，又告诉对方她的父母对她做了什么，跟她说了这个他们想要她参加的项目。她提到我们也是为这个项目工作的，而且我们已经跟了她快一天了。

"珍妮和我们的脚当时都已经血淋淋的了，她朋友低下头看到了，然后问了她你刚才问过的问题，赫伯特先生。她说：'光脚？你们光着脚在城里跑来跑去？'

'对。'珍妮对着她笑出了声。

'她朋友看看我们，又看看珍妮，然后说：'我也不太懂吧，珍妮，这个项目感觉也还行。也许你应该试一试。'

"那之后我们聊了聊，最后她朋友得走了。她走了以后，珍妮转向我们说道：'好吧，再多说一点关于摩利亚野营地的事吧。'

"我们告诉了她所有她想知道的事。我们说到了尤西和阿维，说到了我们去的那片荒野，说到了我们是如何在那片土地上生存的，也说到了那有多好玩，多有意思 —— 多能让人解脱。她不相信这会是一种解脱，"李梅笑了，"但是她一直在听。聊了一会儿后，你们猜她说了什么？"

大家都在等待着答案。

"她说：'好吧，我会去的。'就这样。她当然不是很期盼。非要说的话还有点无奈，我觉得。但是她愿意去了。然后我们一起开车回来了，刚要进到停车场的时候，她说：'对不起，今天这么说你。还有你们的脚也是我的错。'她真的感到很抱歉。我知道，因为我能看见她眼里有泪水。

"所以，赫伯特先生，我们脱掉鞋和珍妮安全回来还自愿加入有没有关系呢？我也不知道，你得问问珍妮才行。但是我确实知道一件事：我知道脱掉我的鞋对我而言意味着什么。通过这样的方式，我进入了珍妮的世界里，而这就是我们一直想做的。我们用这样的方式创造出了帮助别人走出方框的空间。举例来说就是，在出发时，那些年轻人只会背着一个装食物的包和一件雨披，而我们带的也只是同样的东西。"

"但是，"麦克插话道，"出于安全考虑我们也必须带上一些其他的东西——比如收音机或急救箱。"

"对，"李梅同意道，"确实有这些不同。但是我们都会尽量精简。要是孩子们只能吃玉米粉，我却拿出了一根巧克力棒，这种对待算什么？又比如，要是他们只能睡在坚硬的地上，我却有个充气床垫，这种对待又算什么？"

"这是把他们当成物来对待。"米格尔低沉的声音忽然响起，吓了几乎所有人一跳。

"对，"李梅赞成道，"我会把自己当成比他们更优越的人，更值得用好的东西。所以你们觉得这又会让他们怎么看我，怎么对待我？"

"一样。"米格尔再次回答道。

"正是如此，"李梅回答，"让自己体验这些年轻人的艰辛能帮助他们，因为这能让他们的心不至于走向战争。

"所以，赫伯特先生，"李梅再次看向卢，继续说道，"这对珍妮来说有什么差别吗？我不知道。但是这对我来说有差别。它帮助我保持内心的和平。而我觉得这样对她而言可能会不一样。就像尤瑟夫和阿维总对我们说的那样，只有让自己的内心处于和平，我们才能成为传递和平的使者。"

卢惊呆了。他面前的只是一个才20岁的姑娘，可能才从高中毕业没两年，而且一年前还是个问题少女，但现在她却完全掌控着自己的生活，而卢知道他自己也还没达到这种高度。

"谢谢你们，李梅和麦克。"尤瑟夫说。

他又转向大家，问道："现在你们觉得你们的孩子是托付在了正确的人手里了吗？"

"我觉得是。"格温回答道。其他人也给出了差不多的答案。

"谢谢。"卢对李梅点了点头，又朝麦克点了点头。

"没事。"

"好的，"尤瑟夫在二人离开后继续说道，"现在各位已经见过我们的秘密武器了——在摩利亚野营地工作的年轻人们，正是他们在你们的孩子身上施了魔法。我还想跟着刚才他们教给我们的东西继续讲下去。

"人与人之间的战争其实常常都是'冷'的而非'热'的——比如绵延不绝的憎恨、积怨已久、私藏而非分享资源、不愿伸出援手等。这些都是给我们的家庭和事业带来最多威胁的战争行为。李梅和我们分享的那些原则，不仅适用于你们正在野外的孩子，也适用于这些场景。我们可以想想自己工作的地方，想想我们给那些为我们工作的人制定的规则，还有我们为自己保留的特权——比如说放假的时间、停车位、津贴、公众关注，比如为了办成一件事我们需要做什么，而公司里的其他人又需要做什么。这其中有哪些是必须的或者必要的，又有哪些被保留下来是因为我们觉得自己比别人更优越、更重要、更值得被区别对待？"

"但要是你真是这样呢？"卢挑衅道，虽然他并无恶意。

"你是说，要是你真的更重要吗？"

"对。"

"那我就会开始想，我为自己保留某样东西，究竟是不是因为我需要它发挥某种重要的功能，而我给自己留的津贴又是否仅仅只是在纵容自己。换句话说就是，哪些是巧克力棒和充气床垫，哪些又是收音机和急救箱？"

"但为什么要在意这个？"卢反驳说，"我拼了命才爬到这个位置上，那我难道不该享受享受吗？"

尤瑟夫露出了微笑，明显很享受这次交锋。"是的，卢。当然应该。而且这不就是重点所在吗，因为每个人都想享受自己的劳动果实啊。而作为领导，你应该决定要不要去创造这样的环境，让每个人都能像你一样感到愉悦 —— 创造一个让他们也能像你一样热血激昂、勇于奉献的地方。最好的领袖就是人们愿意追随的领袖。对于那些人们只是迫于生计才追随的人，有另一个名字给他们。我们叫他们暴君。"

暴君。这个词在卢的耳边令人不快地回响着，因为在被卢开除的几个主管里，一个叫杰克·泰勒的就这么称呼过他。"毫无疑问，换成科里也会这么叫我。"他想。

卢没有说出口的是，在查格茹公司，没有一个人会不知道哪辆车、哪间办公室、哪张桌子、哪件家具是卢的。而且卢显然是在以一套和别人不同的规则行事。比如说，其他人只要支出超过了 2000 美元都得先向卢申请，但他自己却可以在任何时候花随便多少钱。"但我是老板啊！"他为自己辩护道。

"你到底在说什么，尤瑟夫？"他质疑道，"我付出那么多，难道还配不上多享受一点？说到底，一手创建这家公司的可是我啊。"

"你一个人？"

"什么？"

"你一个人创建的公司吗？"

"不，我不是这个意思，"卢努力想找到合适的词，"我的意思是，我带领大家创建了公司。这不是我一个人的功劳。"

"你说得很对，卢，确实不是。那我就要问你一个问题了：对于现在的你来说究竟什么更重要——在功劳簿上带着你辛苦得来的重要地位招摇过市，还是组建一个团队、一家企业，让它超越你而基业长青，让它比你长得更高更大，让它始终感激你和敬爱你？你想要哪一个，卢？"

这个问题又把卢直接拉回到了会议室里发生的那次集体背叛。凯特·斯特纳鲁德、杰克·泰勒、尼尔森·曼佛德、科克·魏尔、唐·先令——那天早上卢亲手写下了他们的讣告，或许除此之外他还写下了他的"孩子"查格茹的讣告。"我到底想骗谁？"他奚落自己道，"我们正在走下坡路。没人会感激我，更没人会敬爱我。该被感激和敬爱的是凯特。"

凯特。忽然之间，她的名字承载起了新的意义。她是大家中的一员，卢想。这就是为什么人人都那么爱她，都追随她。

她没有觉得自己比别人优越 —— 可能更幸运，但并不是更优越。

"我真该死！"卢脱口而出，摇着头大声喝道，"我真该死。"

"什么？"尤瑟夫说。

"我刚炒了公司里一个人的鱿鱼，"卢目光呆滞地开始了讲述，"她不愿意给自己搞特殊，对待所有人都是一个样。有时她那个样子真让我非常不耐烦，哪怕是个临时工她都要关怀备至，"卢顿了顿，"我有次甚至抓到她在餐厅里帮清洁工打扫卫生，就因为他们那天人手不够。我实在不相信这套，总觉得她是在浪费她的时间，浪费我的钱。但是他们却因为这些事情爱戴她。"他说着，恍然大悟般地摇了摇头。"她的车永远都停在最远的位置，嘴上还总说是因为自己需要锻炼。"他忽然想到，这并不仅仅是锻炼的问题。

"而现在我身边净是和我一样的人，"他继续说道，"觉得自己值得用最好的东西的人。"他反感地摇了摇头，"这么多年来，我一直在自己选择的车位上停车，在其他事情上也是自己先选，看看这都让我成什么样了。自从我开除了凯特和其他几个人以来，公司简直每况愈下。现在我只能任由工会摆布，人人都在担心，产量也降低了，客户都在想我们是怎么回事。而现在我坐在亚利桑那，部分是因为我必须得来，部分是因为我实在不知道该如何处理公司那堆破事。到了这个时候我才算明白了：一团糟的是我。这就是你在这儿说的——我才是那个一团糟的人。"

"这个，实际上，只有你自己这么说，"尤瑟夫温和地说，"我没有这么说。"

"没事，那我来说。"伊丽莎白责备道。

卢深陷于思索中。"难怪人人都爱凯特，都追随她，"他继续说着，几乎是在自言自语，"妈的，我犯了一个大错误。"

"那你想怎么做？"

"不知道。"他诚实地说。

"也许凯特可以给你点建议。"尤瑟夫回答。

"但我把她开除了。她不在我身边了。"

"恰恰相反，卢，在你心里她从未像现在这么重要。你也许让她离开了你的公司，但是你没能让她离开你的头脑。我说错了吗？"

"没有，你说得对。"他说着瘫坐在椅子上。

"凯特受人爱戴是有原因的，"尤瑟夫继续说，"人们正是因为这个原因去追随她，为她工作。而根据我听说的关于凯特的事迹，我觉得我可能知道这个原因是什么。"

"什么？"

"那就是我们这里的凯特——李梅——刚刚教给我们的东

西。凯特在查格茹为大家创造了一个环境，和李梅为珍妮创造的很像。和李梅一样，我觉得凯特每天早上去上班的时候也会脱掉自己的鞋，或者做一些在你的公司里等同于脱鞋的事情。你们公司的环境常常会让人害怕，大家也都是在为了自己努力向上爬，但她却创造了一个空间，让人们能够放下他们的焦虑和野心。"

尤瑟夫等着卢想明白。

"我说得对吗？"他最后问道。

"对，"卢说，他的心已经飞回到康涅狄格州的那栋大楼里了，"你说得对。"

第十八章　投　降

　　尤瑟夫往下偏过头，截住了卢望向远方的目光。"我熟悉这种眼神，"他说，"当我觉得一切最终不一定会变好的时候，我就会露出那种眼神。这种绝望和投降的眼神。"

　　卢听进去了这句话，开始思考。"是的，我现在就是这么觉得的。"他承认道。

　　"这种感觉很有诱惑力，也很强烈，"尤瑟大继续说，"这种在绝望中投降的感觉。但它是个谎言。"

　　卢的精气神突然又回来了，他问："怎么说？"

　　"因为它假设了一件虚假的事。"

　　"什么事？"

　　"它假设你陷入了困境之中——假设了你注定要继续遭受你之前遭受的一切。"

　　实际上，卢的感觉就是这样。他再次瘫到了椅子上。

"卢，就在刚才，"尤瑟夫开始解释道，"你说你是个一团糟的人。不是别人，而是你自己。"

"难道我发现了这一点还应该高兴？"卢无精打采地说。

"不，"尤瑟夫回答，"但你应该从中看到希望。"

"为什么？"

"因为如果你才是那个一团糟的人，至少你可以整理自己。提升自己并不用依靠他人。"

"但如果糟糕的并不只有我一个人呢？"卢突然回应说，"要是我身边的人也和我一样，也是一团糟呢？"

尤瑟夫不由自主地说："那你的麻烦就大了。"他大笑出声。

"可不是嘛！"卢可怜地摇摇头。

"其实刚才那句话大部分是玩笑，卢。"尤瑟夫继续说。

"大部分。"伊丽莎白注意到尤瑟夫的措辞，露出一个微笑。

"对，"尤瑟夫说道，"大部分。因为即使查格茹的每个人都一团糟，我们仍然能找到希望。"

"此话怎讲？"

"你的绝望是由另一个谎言引起的。那就是你以为无论你做什么他们都不会改变。"

"但这是真的，"卢反驳道，"我没法改变他们。"

"不错。"

"那我就不明白你的意思了。"

"你投降得太快了，"尤瑟夫微笑道，"我们确实不能强迫他人改变，但我们可以鼓励他们改变。毕竟，李梅不也帮着改变了珍妮吗？"

卢想了想李梅的故事："嗯，确实是。"

尤瑟夫停了停。"因为我们每个人其实都要对自己的自我开脱的方框负责，对自己责怪他人的行为负责，"他继续说道，"所以我们也能靠自己摆脱它们。只要身在方框之中，我们就都算不上受害者，只是自作自受而已。既然当我们摆脱方框的时候，我们也在鼓励他人走出来，那么我们其实也不是被他人连累的受害者，不是我们在方框里的时候以为的那个人。我们可以鼓励别人做出他们需要的改变。实际上，最优秀的领袖和父母都是这么做的。所以，如果你投降了，卢，你就是在向一个谎言认输。你的方框才是赢家。"

"那该怎么办？"卢问道，"我该怎么对抗我的方框？"

"像阿维和我一样。"

"什么意思？"

"我觉得听听阿维的故事可以帮到大家。"尤瑟夫说。

这时，阿维重新站了起来。"那么，"他开始讲述道，"回到亚利桑那州内陆，回到1978年的那个夏天。"

卢听着阿维讲述他和尤瑟夫的初次会面，他们早期的不和，他自己对周围的一切产生的怒气——对山脉，对溪流，对树木，对整个世界。

"但自从我和尤瑟夫在清澈的星空下深夜畅谈后，"阿维继续说，"我的生活便发生了改变。那时我们大概已经进入项目两周了，但我几乎还没有和任何人说过话。'你知道吗，'那天我躺在地上看星星的时候，尤瑟夫对我说，'在耶路撒冷，我们看到的也是这同一片夜空。'

"我犹豫了一下，然后说，'对——北斗七星，北极星。这些我爸以前教过我。'

"我记得这时尤瑟夫坐到了我旁边。这可能是我第一次没有从他身边走开。

"他说：'聊聊你父亲吧，阿维。'然后我童年的回忆便像潮水一般涌来：我父亲是如何从我记事起就每天都带着我出去散步，如何教我我们民族的历史，如何和我一起在公园踢球，如何总在周六给我们做早餐，而我又有多喜欢和他一起出去做测量，他又是如何在我每天晚上睡觉前给我讲故事的。我仿佛感到自己心中有什么东西正在决堤，我的记忆终于奔向了自由。我对父亲的爱，失去他的痛苦，再也不能见到他的悲伤，都从那个曾经禁锢着我的心的方框之中解脱出来。我深深地叹气，为了我的丧父之痛，也为了我突然缓解了的某种病态，那就是对和父亲永远待在一起的渴望。

"尤瑟夫只是坐在我旁边听着我说话。他不会知道，那一夜他其实代替了我的父亲。如果我不能和我父亲待在一起，那至少，在长达5年的自我封闭之后能和这样一个人待在一起也是好的。那个晚上，我的伤口开始愈合。而且这全都是因为一个阿拉伯人邀请了我，我将永远对此心存感激。因为我一直为了我父亲的死在责怪所有阿拉伯人，而如今正是一个阿拉伯人向我伸出了援手，让我重新找到了和父亲共处的方式，这使得我的怨恨在此之后也很难继续了。

"当我在第二天早上醒来时，我自愿加入其他人之中，帮助大家做早餐。这是我第一次这么做。接着我们收拾起行囊，开始穿越树林，迎接新一天的旅程。我还记得那个早上徒步时的情景，因为那是我第一次在旅途之中感到快乐。

"在接下来的几天里，关于另一个人的记忆席卷了我的心：哈米什。他是个多好的朋友！多亲切，多纯真，对我又多好。但我对他却如此糟糕！他在我失去至亲时来到我的身边，知道我肯定很伤心，想要用一些并不引人注目的方式帮助我渡过难关。他明明是一个带来安慰和好意的天使，我却把他赶走了。"

阿维抬起手抹了抹脸颊。

"而且，好像这样还嫌不够似的，我还中伤他——用上了我知道的所有恶毒的词。我把父亲的死怪到他身上。他！这个带着慈悲和爱的人。这个年轻的男孩当时已经陷入了两难的境地——虽然生是阿拉伯人，同时却又是以色列的国民。在那几天，这个男孩的同胞正在进攻他的国家，也许他才是最需要安慰的那个人，但他却来安慰我，用自己的仁慈换来痛苦——自私、丑陋的痛苦。

"噢，哈米什！我一边走一边哭。我该怎么回报你——怎么才能给你这份迟到的回礼，帮你承受我带给你的痛苦，为你抹去由我引起的酸涩？"

阿维再一次抹了抹他的脸颊。

"在接下来几天的跋涉中，这个问题始终困扰着我。我们第一次谈话大概 10 天后，我再一次在一个晴朗的傍晚坐到了尤瑟夫身边。这一次我告诉了他关于哈米什的事和我是如何残忍地赶走他的。这次倾诉让我如释重负，因为在这之前我从未对任何人说过这件事。当然，那几天我一直在脑海里反复地回放着当时的情景，但是在我愿意让其他人看到我的越轨行为前，我仍然尽力把它埋藏在我的心里。这次倾诉也成了我治愈之路上的重要一步。

"但也只是一步而非全部。因为这次倾诉也滋润了我内心那颗时刻在等待着生根发芽的种子。在倾诉的过程中我知道了，在这件事里，仅仅只感到抱歉是不够的。我终于得以像从前一样看待哈米什，也感到了想要向他伸出手的渴望。

"'我能为他做什么呢？'我问尤瑟夫。

"'你觉得自己需要为他做点什么吗？'他问道。

"'我的心是这么告诉我的。'我回答。

"'那你觉得你应该做什么？'

"'这是我问你的问题。'我回答。

"'啊，'他说，'但这是你的人生，你的朋友，还有你的心，不是吗？我不能告诉你你需要做什么。这个只有你自己才知道。'

"'那么该做什么呢？'我问自己。

"'也许接下来几天你可以边走边想。'尤瑟夫说。

"我按他的话做了。到了第三天早上，我们碰上了一株特别壮观的植物。它叫作龙舌兰，茎大概有 7.5 米高。这种龙舌兰能活 15 ～ 25 年，但却只在生命的最后一年长出茎和花。结果就是，它储存起来萌发茎叶的能量最终却杀死了它。当茎叶落下后，它便将许多种子播下大地，孕育出新的生命。这种植物低矮的根部在亚利桑那州和其他地方的沙漠中随处可见。但是那种一生仅出现这一次的茎叶，那种决心要从布满岩石的干涸土壤之中向着天空的方向成长的决心，给予了它一种威严，一种希望。正是因为它怀抱着的种子，每一根昂扬的茎都是在为沙漠的未来许下承诺。

"加入那次生存训练之后我其实就已经知道了这种植物，在最开始的几周里也见到了许多株，但是那一次正巧碰上它开花，我感到有什么东西击中了我：我也曾得到一生仅此一个的朋友；我们的友谊在艰难的环境中仍然茁壮成长。那当然是一段靠近地面的友谊——就像龙舌兰的根一样，丝毫不引人注意。但是在它成熟前，在它可以朝着天空盛放前，在它成为沙漠的希望前，我却亲自斩断了它的根，亲自诅咒了它的死亡。此刻在我面前高耸的植物其实是一个象征：如果我没有抛弃哈米什，我们的友情大概也已经生长得如此高大了。

"我向它最低的枝叶伸出手，摘下了一颗种子。我把它包好，将它视作我曾亲手扼杀、如今却希望能够起死回生的友谊的象征，然后把它放进了我的口袋里，那个傍晚，我在一封写给哈米什的信里向他袒露了自己的心声，为我冷酷无情的行为和我造成的痛苦向他道歉。我把那颗种子也放在了里面，它既代表着我们曾经的情谊，也代表着我对这段友谊可以复苏的希望。

"我不知道哈米什和他的家人还住不住在从前的那个小屋里，但是唯一能将我和从前与他共度的人生联系在一起的东西，也只有他的门牌号了。两天以后，每周来一次的送信人来到了我们的营地。这样，我的信和那颗龙舌兰的种子也开始了它们的旅程，横穿亚利桑那州的沙漠去到了中东的沙漠，希望能够找到一个年轻的巴勒斯坦裔的阿拉伯小伙，并且希望他仍然健健康康，没有被多年前的战火伤害，徒留着无法再痊愈的灵魂。"

说到这里，阿维停了下来。

"所以到底发生了什么?"格温问道，"你收到哈米什的回信了吗?"

"没有。"他说，"我从来都没有收到过他的回信。"

房间里有人轻轻地倒抽了一口气，这句话揭示的真相并不是大家期盼或希望的。

"真难过，"格温说，"你知道他发生什么事了吗?"

"嗯。后来我听说他们一家人在我到达美国大概两年后就搬家了。他们搬到了以色列北部的一个叫作马洛特塔西哈的镇上。但是 5 年后，他死了。在 1982 年的黎巴嫩战争[1]爆发前，黎巴嫩向以色列投下了几颗火箭弹，造成大量平民死伤，而他就是其中一个。"

"噢，太让人难过了。"格温小声说。

"对。"阿维看向地面，点点头。

---

1 即第五次中东战争，爆发于 1982 年 6 月 6 日。

"他收到你的信了吗？"

阿维摇摇头。"我不知道。我不可能知道。"他又看向大家，"我是在他去世之后才终于知道他究竟在什么地方的。"

"要是他从没收到过你的信，那真的太可惜了。"卡罗尔说。

"对。"阿维说着，脸上布满了悲伤，"我无时无刻不在想这件事——想我给他带来的痛苦，想我的信究竟有没有让他好过一点。"

"但是写信这件事至少帮了你一把。"皮提思说道。

"你是说，它帮我治愈了我的心？"阿维问。

"对。"

"你说得对，"他赞同道，"哪怕那封信最终没有送到哈米什的手上，它至少触动了我的心。确实是这样。对我来说，这样的外部表现使得这份友谊在我的心中又恢复如初了。哈米什也许没有收到，但是写下这封信使我终于接受了他，也让我开始像接受他一样接受其他人。"

"你是说阿拉伯人？"格温问，"像尤瑟夫和其他人？"

"对。还有美国人、犹太人、我的家人和我自己——每一个我曾经开战的人。因为其实每一张脸都映射着其他所有人的脸。也就是说，当我憎恨他人时，我也在伤害自己。我们彼此远离，结果却只是自讨苦吃。"

第十九章　找到心中的和平

"卢，"阿维说，"几分钟之前你问我，该如何走出自己身处的方框——走出怨恨，走出自我开脱，走出开战的内心，走出明显的困境。"

"是的。"卢说。

"在刚才说到的这件事里，我想着重强调一点，这也是我认为我之所以能走出困住我的方框的关键——也就是说，'摆脱方框'程序。"

卢点点头，既表示赞成也表示期待。

"首先，"阿维开始了讲述，"你得知道关于方框的一些事情。因为这个方框只是一个比喻，用来形容我和他人之间的关系，所以我可以同时在其中又不在其中，只不过是在不同的方面罢了。也就是说，可能在面对我的妻子时，我会责怪她，会为自己开脱，但是在面对尤瑟夫时，我的态度可能又很坦率，两种情况也可以对调。因为我在不同的时候可能要面对成百上千种不同的关系，即使我在面对某一个人的时候身处方框中，我在面对其他人时也很有可能不在其中。"

"好吧。"卢若有所思地说，不知道为什么这一点会很重要。

"这也是为什么，"阿维继续说，"我们可以在一开始就意识到自己正身处方框之中。我们注意到这一点，其实是因为我们注意到了在面对某个人时，我们的感觉和看法与在面对其他人时不同。我们可以辨别出其中的不同之处，因为这种不同正是我们亲手创造的。换句话说，我们其实还留着走出方框的空间 —— 那些并没有被怨恨和自我开脱扭曲的回忆和人际关系。"

"好吧，"卢说，"但是这跟我们在觉得自己泥足深陷时急需走出方框有什么关系？"

"这其中的关系就是，它意味着我们其实并没有泥足深陷。"

"嗯？"

"现在再回想和尤瑟夫在星空下共度的那晚，"阿维继续说，"我发现，我心中其实装满了对我父亲的回忆，在方框之外的回忆。一旦我允许自己找到通向这些记忆的路，我对许多事情的看法和感受就都变了。"

"但是在之前的五年里你原本也可以找到通往这些记忆的路，可你明显没找到，"卢说，"那晚究竟是什么指引了你？"

"问得好，"阿维回应说，"我也问过自己同样的问题，问过很多次。"

"然后呢？"

"然后，我觉得答案就藏在李梅和麦克分享的那些想法里，就嵌在尤瑟夫为了我和生存项目里的其他人所做的努力中。还记得李梅说，要在自己的能力范围内尽量让环境变得更好，让其他人更容易走向和平有多重要吗？这也是我们这里的准则之一。在我找到前进的道路、走出方框的过程中，最有用的一点就是在自己心中找到一个方框之外的地方，一个有利位置。为了让我能在自己心里找到这样一个有利位置，尤瑟夫也在我的身边创造了一个方框之外的地方。"

"那他究竟是怎么做的？"

"先让他自己在对待我时走出方框。大家看，如果我在之前就感觉到了他正身处方框之中怨恨着我，那尤瑟夫在那片星空下靠近我之后，我们也不会聊那么多。我就像珍妮，而尤瑟夫就像麦克和李梅。我一直在等待着冒犯，无论这冒犯究竟是真的还是我想象的。但是当真实的怨恨渐渐消失后，要在心中想象这样的怨恨也会变得越来越难。虽然我一开始很抗拒尤瑟夫，但他并没有抗拒我。相反，他帮助我创造了一个方框之外的地方，一个我可以在那里以一种全新的方式审视自己的人生的地方，没有方框中的怨恨，也没有自我开脱。当我以这样的方式回忆时，我也得以自由地触碰那些被我的自我开脱屏蔽了的记忆。我终于解脱，得到了一个与从前不同的过去，也得到了一个不同的现在和不同的未来。我得以从方框的限制和扭曲之中挣脱出来。"

"所以你之前提到的'走出方框'程序究竟是什么？"卢问。

"我已经告诉大家前两个部分了。"阿维回答。他说着，转身面向白板写下如下的内容：

恢复内心的澄净和和平

（四部分）

走出方框

1. 寻找方框的标志（怨恨、自我开脱、妖魔化、常见的方框形式等）

2. 找到一个方框之外的地方（方框之外的人际关系、记忆、活动、地点等）

"首先，"阿维说着，从白板处转过身，"我应该对怨恨和自我开脱保持警惕，因为这些都标志着我正身处方框之中。比如说，我可以时刻对各种常见的方框保持警觉——我感到自己高人一等或低人一等的地方、理所应当的地方，或对于他人的看法十分焦虑的地方。

"然后，当我身处方框而又急于摆脱时，我可以找到一个方框之外的地方 —— 一个在我心中没有被方框影响的地方。"

"你是在和尤瑟夫聊天的那个晚上发现了这样的地方的吗？"卢问道。

"对，在关于我父亲的回忆中也找到了。"

"但如果我没有和尤瑟夫一起参加这个项目呢？"卢认真地问道，"当我自己完全身处地狱时，我又该怎么找到这么一个方框之外的地方呢？"

卢这时并不是在挑阿维的刺。根据过往的经验来看，他清楚地知道一旦遇上什么困难，他在这里学到的一切就都会被忘个精光。他昨天中午和约翰·莱切的对话就是一个生动的例子。他想要为自己找到一个立足点 —— 一件当他感到被方框的四壁包围时可以想起来紧紧抓住的事。

"其实，"阿维回答，"因为我们心中都有这样一个方框之外的地方，所以找到它并不困难，只要我们能想起来。比如，你可以先辨认出那个人，那个你现在总体上是以方框之外的态度对待的人。这些名字很容易想起来，而且仅仅只是回忆一下你们和这些人共度的时光就能指引你走向那个有利位置，在那里世界和前一刻比起来似乎焕然一新。"

卢点了点头。他最大的孩子玛丽对他就有这样的影响。她似乎只需要露个面就能让他平静下来，从她出生那天起好像就是这样。他过去常常在度过艰难的一天之后带她去散步，放空自己的头脑，他们也由此建立起了一条纽带，二人之间那种舒缓的氛围直至今日仍然如此。他的第二个孩子杰西对他就没有这样冷静的影响。卢总是爱逼他，逼他学习，逼他运动，结果他们之间的关系也总带着一种抗争般的紧张感。但是卢非常为杰西骄傲。这也是一个方框之外的地方吗？他不确定。"要是有必要，"阿维补充说，"你也可以给他们打电话，去看看他们，和他们谈谈，或者跟他们说说自己的困境，寻求他们的帮助。

"不然你也可以想想那个在你的一生中给予你最多正面影响的人，想想这是为什么。"他继续说。

卢忽然发现自己此刻想到的竟是卡罗尔，和她持续不断的自我奉献带来的影响。"很多时候，"阿维继续说，"仅仅只是回想一下这些人们也能带你去到另一个有利位置。"

"又或者曾有过这样一个人，"他继续道，"他善待过你——而你却配不上这样的善意。"

卢想起了他父亲，想起了那次他把他们的新车开到哈德森河里之后他父亲的反应。"当我发现自己身处方框之中责怪他人，并认为别人配不上被善待时，这样的记忆尤其有用。"阿维说。

"又或者，可能会有一本特定的书或文章曾经对你产生过重大影响，"他继续说，"这样的文章也可以让你走出方框。"卢想到了《藏身之处》[1]和雅各·卢瑟瑞安[2]的自传《于是有了光》。这两本书都讲述了人们是如何在逆境之中保持乐观的心态的。"

"还有，一项活动或者一个地点也可以起到同样的作用，"阿维继续说，"比如说，一些具体的地方也许可以把我们带回到一切正常的从前。就我自己来说，我发现弗兰克·辛纳屈的音乐比任何东西都更能让我进入一个方框之外的状态中！我觉得这些音乐之所以对我有这样的影响，是因为我从前总听着辛纳屈哄我的小女儿莉迪亚入睡。所以呢，对我来说，辛纳屈就能将我带回到从前的记忆中，而这样未受污染的记忆也给了我更加清楚地思考和感受当下的机会。

"这些听上去简单，但是许多正在努力寻找道路，想要走出冲突和怨恨的人却从没有想到要这么做。他们发现自己被愤怒淹没时从没意识到，其实自己随时都可以找到远离愤怒的方法。

"一旦我们找到通往这个地方的道路，我们就准备好迈出

1　讲述了一家人在二战期间收留犹太人结果自己也被牵连其中的故事。
2　法国作家和政治活动家，七岁便失明，但仍然积极生活，并在十七岁时组建抵抗组织对抗纳粹暴政。

'走出方框'程序的第二步了。"说着，阿维在之前写下的提纲下加上了第三条。

恢复内心的澄净和和平
（四部分）
走出方框

1. 寻找方框的标志（怨恨、自我开脱、妖魔化、常见的方框形式等）

2. 找到一个方框之外的地方（方框之外的人际关系、记忆、活动、地点等）

3. 以全新的角度审视当下的处境（也就是说，从方框之外的角度来审视）

"以全新的角度审视当下的处境是什么意思？"皮提思问道，"究竟该怎么做？"

"阿维，能由我来说吗？"尤瑟夫说。

"当然，请说。"

尤瑟夫走到大家面前。"你问，这究竟是什么意思，它的意思就是，一旦你找到了方框之外的有利位置，你就能够对当下的处境产生新的想法。因为你将以一种全新的方式看待它，驱散那些你在方框里思考时曾经蒙蔽你的观念。

"阿维就找到了这种角度，"他继续说，"在那片星空之下。也许这对于你来说不是一个方框之外的地方，但是阿维想说的其实是，总有个地方会是属于你的。你只需要认清楚究竟哪些人际关系，哪些地方、记忆、活动、书籍、文章等能够给你带来这种感觉，然后在你感到内心开战时去寻找它们就行了。当你来到这样一个地方时，来到你内心的和平仍未被打破的有利位置时，你就能够以一种全新的角度看待你面前的挑战了。"

"但该怎么做呢?"皮提思问。

"那就需要问一些问题。"

"什么问题?"

"这个问题是我在康涅狄格州的一个野草丛生的公园里学到的，"尤瑟夫回答，"在催泪弹烟雾的包围中学到的。"

第二十章　寻找外部的战争

"康涅狄格州？"卢饶有兴趣地问道，因为那正是他的家乡，"还有催泪弹？"

"对。"尤瑟夫回答。他若有所思地看了一会儿大家。"阿维跟大家分享了他来到美国的故事。也许我也是时候跟大家讲一讲了。

"你们都还记得，昨天我讲到了伯利恒，讲到了约旦吞并西岸地区。我大概 8 岁就开始到街上骗西方人，由此也开始学习英语。那时大概是 1951 年。和阿维不同，我没有任何来自对立民族的朋友，可能你们会觉得挺惊讶，毕竟我当时对摩德夏·拉万那么反感。实际上，我青春期的大部分时间都在幻想着为我死去的父亲报仇。这种渴望正好有合适的土壤，因为当时在巴勒斯坦人民中正流行着一股狂热的民族主义，从 20 世纪 50 年代一直延续到 60 年代。

"1957年，我14岁，加入了一个叫作'自由雄狮'的青年运动。20世纪50年代，巴勒斯坦的大学中兴起了一阵组织学生联合会的热潮，这个小组就是其中的一个非正式分支。这些年轻的学生急切地想要和比他们年长的人组成联盟，在自己的社区里也策划起了类似的镜像组织。我们就有这么一个组织，完全是照着当时最重要的学生同盟会依葫芦画瓢组建的，而这个同盟会当时的根据地是开罗大学，它的领导人是个叫作尤西尔·阿拉法特的工程学学生。"

听到这个名字，大家都扬起了眉毛。

"是的，完全一样。"尤瑟夫说。

"我很快就成为组织的领导者。"他继续说，"年仅16岁，我就被邀请到科威特，和新上任的领袖们见面，这些人领导着一个自称为哈拉卡特·阿特哈希里·阿尔菲力斯缇米亚的运动，翻译过来意思是巴勒斯坦全国解放运动，而阿拉法特就是他们之中的一员。这个运动的另一个名字'法塔'名气更大，'法塔'是它的缩写被倒过来之后的形式[1]。他们的创立文件写得很清楚，这个组织的目标是要通过武装革命完全摧毁以色列这个国家，建立起巴勒斯坦政权。对于一个急于复仇的年轻人来说，

---

[1] 该运动名称原名为 Harakat At-Tahiri Al-Filistimiya，首字母倒过来即是 Fatah，音译为"法塔"。

这个前景实在非常有诱惑性。

"从科威特回来以后，我就一直在盼着以色列的毁灭。这只是时间问题了。我准备对这整个民族复仇。当时我就已经因为期盼和幸福而头晕目眩了。

"但是，我母亲却并没有像我一样高兴。她不信任那些在夜里把信件扔在我家门口的送信人，所以她先是把他们拦下了，后来竟直接切断了我们之间的联系。'我绝不会让我的独子像我的丈夫一样离开！'她对我吼道，'德尔雅辛的悲剧可不只是交换双方的身份就能避免的。除非以色列人先拿着武器攻击你，不然你永远也不能攻击他们！'

"'但他们确实攻击我们了，妈妈，'我指出来，'他们拿起了武器，他们加入了西方阵营，而且还正在储备这一区域最具杀伤力的武器。'

"'你懂什么军事，懂什么政治！'她回击我说，'你只是个孩子，脑袋要么立在云中，要么埋在沙里。而且你是我的孩子，所以你不能加入那些晚上的土匪组织的什么联盟，'她就是这么称呼我们组织里的信使的。

"'但是作为我父亲的孩子，我就是要加入，'我也回敬道，心里觉得哪怕这样贸然行事我也不会得到任何报应，'我必须这么做。'

"所以我就加入了。我成了'法塔'在大耶路撒冷地区的小组领导，这对于一个年轻小伙子来说实在是件可以得意忘形的事，但我却得意过了头。到了 1962 年，我建立起了一个多达5000 个突击队队员的草根关系网，这些人都既忠诚又尽责，之后，阿拉法特的一个侄子过来接手了这个片区。我被正式任命为二把手。但是组织里的人都知道真相：我的权力被剥夺了。

"这简直是对我的羞辱，但是我对那些搞犹太复国主义的人的仇恨超过了我的耻辱感，所以我留了下来，甘作一个忠诚的跑腿的。哪怕身在这样一个无足轻重的位置上，我也在期盼着我们的胜利。

"胜利的最后一步发生在 1967 年的春天。5 月中旬，埃及派出 10 万士兵沿着以色列西南部边界进发，宣布蒂朗海峡将对进出以色列的船只完全关闭。埃及总统纳赛尔将自己摧毁以色列的计划宣告天下。

"作为回应，阿拉伯世界也流行起了某种歇斯底里的急迫情绪。来自该地区的阿拉伯军队也开始从四面八方出发，这样，到了 5 月末时，以色列已经被阿拉伯的 25 万人的军队、2000 辆坦克和 700 架军用飞机团团围住。我也在战略要地拉特伦加入了这场战争，这里正是被约旦占据的西岸地区的最西端。

"拉特伦位于特拉维夫和耶路撒冷之间的高速路上，这条路可以说是以色列的主动脉。拉特伦俯瞰耶路撒冷走廊地带，那里正是以色列控制区的延伸部分，一直连接到耶路撒冷的西部地区，但它北面和南面的山脊上都驻扎着约旦军队。拉特伦之所以重要，是因为走廊地区将会是第一个被从以色列隔离出来并被完全占领的地方。而且阿拉伯的军队会从丘陵地带向下进发，穿过沿岸平原达到特拉维夫，这也使得拉特伦成为一个战略重镇。我当时就是想要参加这个行动，摧毁以色列的心脏——以控制耶路撒冷西部和特拉维夫。所以，最合适的办法就是去拉特伦。

"但你们可能也知道后来的事了。阿维之前提到过。1967年6月5日早晨，以色列对埃及的飞机和军用机场发动了一次突袭，他们先发制人，大败埃及军队。很快，他们又消灭了约旦和叙利亚的空军，使得我们这边不能得到空中支援。在那之后，我们很快接到命令，攻入以色列的领地。但我们的供给路线没过多久就被切断了，而之前充当了我们的保护屏障的东部山脉现在却把我们困死在原地。天还没黑我们就已经知道我们战败了。约旦在两天后同意停火，这场战争从开始到结束仅仅六天，以色列大获全胜。当我回到伯利恒的家时，约旦已经被逼回到约旦河的东面；以色列占领了整个西岸地区！

"在那之后，挫败感淹没了整个阿拉伯世界。随着约旦人退回到他们的边界上，苦涩的绝望也席卷了巴勒斯坦人民。在我们眼中，我们就是被留下来成了俘虏。我们再次被抛弃，被囚禁了。

"'法塔'网络尽力想要在新的现实面前重新站稳脚跟，但是我们已经没了自信，希望也没了。无论前方有什么战争，我都知道它们肯定比我从前想要的要更漫长。无论如何我都不想再当他们的领导者了。所以我开始寻找其他斗争方式，希望可以让我从不断回想民族的失败中解脱，从我开始背负的那种对自己蚀骨的仇恨中解脱——毕竟交出了权力，浪费了我们大好的机会的，正是我自己。"

尤瑟夫停了停。

"所以你去哪里找了？"皮提思问，"你找到的又是什么样的战争？"

"最初我去了其他的阿拉伯国家，比如埃及、叙利亚、伊拉克，寻找那些赞成阿拉伯事业的组织，并加入进去。我想找到那些能够许诺给我们光明的未来的东西，那些能让我对抵御以色列稍怀希望的东西。"

"所以你当时内心正在开战，"卢故意说道，"你身在方框中。"

尤瑟夫看向他，露出了微笑："对，卢，我当时确实如此。而且我的方框比在座各位曾经见过的都要更大、更黑。"

"那可不一定，"卢提醒道，"我可是身在高人一等的方框里。别觉得你的框就比我的大。"

在场的各位爆发出一阵笑声。

笑声平息之后，伊丽莎白问道："那你发现自己在找什么了吗？你在阿拉伯世界里找到了攻占其他地方的斗争方式了吗？"

"发现了。战争无处不在，"尤瑟夫回答道，"但是没有一种值得我献身。大部分战争都是内部争斗。在溃败之后的空白期里，人人都在耍手腕争权夺利。我不再参与到这些争斗之中，而且哪怕我之前曾是其中的一分子，这种争斗的前景于我而言也惨淡无比。"

"那你怎么会来美国呢？"皮提思问道。

"刺杀。"尤瑟夫回答。

"刺杀？"皮提思惊讶地说。

"对 —— 1963 年约翰·F.肯尼迪被刺杀，1965 年马尔科姆·X[1] 被刺杀。他们的死在阿拉伯世界里登上了头版头条。美国在当时似乎还没有完全站到以色列那边，所以我和我的阿拉伯同胞们都对美国怀有一丝希望。我在美国黑人的斗争中找到了共鸣感。马尔科姆·X 也是《古兰经》的信徒，引起了我的兴

1　生于美国内布拉斯加州，美国黑人民权运动领导者之一，1965 年 2 月 21 日在演讲中途遇刺身亡。

趣，而且我也知道一点马丁·路德·金的故事。我对这场似乎正在美国愈演愈烈的革命非常感兴趣。当时我自己的决心也正摇摇欲坠，所以我把目光放到了西方。战争之后不到一个月，我就开始计划去美国了。我想到哈佛或耶鲁念书，拿个文凭。"

"哈，"卢说，"又是一个高人一等的方框。"

尤瑟夫笑了："可能是吧。但我当时就只知道这两所美国大学。一个月之后，我提交了文件，在安曼登上了飞往伦敦的飞机，又转机到了纽约。到纽约一周后，我又去了康涅狄格州的纽黑文，耶鲁就在此地。我必须要想个办法进入耶鲁。我的计划是，如果进不了，我就搬到波士顿，试试哈佛。

"我到纽黑文还不到一周，当地就爆发了种族运动，那是1967年的8月。1970年那场臭名昭著的黑豹党[1]庭审发生时我也在那里。同样是在纽黑文，我学到了一种理念，它改变了我对自己、对他人和对世界的看法。我遇见了一个哲学教授，名叫本杰明·阿瑞格，他的看法改变了我。我在纽黑文绿地上目睹了手持盾牌的警察向黑人示威者扔催泪弹的场景，也是在那里，我遇到了阿瑞格教授，但之后很快他就让我叫他本。当时，绿地上的三座基督教教堂与正在发生的暴力和冲突相映成趣，很

1　美国黑人社团，1966年由休伊·牛顿和鲍比·西尔创立。他们反对美国政府，提倡通过暴力革命的方式争取黑人权利。后来黑豹党成员被大量逮捕，并在庭审时受到不公正待遇，导致该团体分崩离析，在20世纪80年代正式宣布解散。

有意思。那些骑着马的警察让我们快点走开，但是我没有理睬。那场骚乱虽然规模空前，但和我自小的经历比起来实在算不了什么。我感到自己被这幅场景吸引住了。

"就在那时我注意到了一个似乎也被吸引住了的黑人。他站在旁观者中间，身边大多数都是白人。我好奇地看着他，虽然当时紧张的氛围可说是一触即发，但他看上去却镇定自若——既没有和人们一起同仇敌忾，也没有慌张逃走。他的脸上挂着严肃的关怀。

"我悄悄走到他旁边，想从一个黑人的视角看看这场冲突。作为一个饱受压迫的阿拉伯人，我觉得我完全可以理解这种视角。在这里战斗的正是和我的'法塔'兄弟们一样的人。要是我当时在人群中认出了熟悉的面孔，我也许都已经扑到那些催泪弹前了。所以当我靠近那个男人时，我的心里其实怀着怜悯。

"'看来被压迫的人们开始回击了。'我几乎不带感情地评论道。在那样的情况下，我的语气一定显得十分漠不关心。

"'对，'那个人回应道，眼睛几乎没有从眼前的场景上挪开，'双方都是。'

"'双方？'我惊讶地重复道。

"'对。'

"'此话怎讲？'我反驳道，'我可只看到了一方在扔催泪弹。'

"'要是你仔细看，'他回答，'你就会发现其实双方都想要催泪弹。'

"我记得当时自己又看向人声鼎沸的群众，思考着他这句话的意思，想着哪怕这是真的，怎么可能有人会有这样的想法。

"'你从哪里来？'他的目光离开了眼前的场景，问我道。

"'巴勒斯坦的耶路撒冷。'我回答。

"他什么也没说。

"我又把头转向眼前的混乱。'我明白他们的感受。'我说着，对着示威者们点了点头。

"'那我真可怜你。'那个男人说。

"我吃了一惊。

"'可怜我？为什么？'

"'因为你成了你自己的敌人。'他声音虽轻，语气却很坚定。

"'就因为我想回击？'我反驳道，'就因为我想纠正那些曾经发生在我和我的民族身上的错误？'

"他什么也没说。

"'如果环境确实恶劣，而我也确实有理由向敌人扔催泪弹呢?'我把话题转回到他之前的那句话，回击道。

"'正是如此。'他说。

"'正是如此?'我疑惑地重复道，'这句话又是什么意思?'

"'你成了你自己的敌人。'

"就这样，我拜师于本·阿瑞格门下，开始了我的教育之旅。"尤瑟夫继续说道。

"究竟是怎么回事?"卢问道。

"在三年的时间里，本完全摧毁了我从前以为是真相的假设，和我以为是现实的偏见。首先，他教我认识了我的方框，怎样才能走出来，以及怎样会永远困在其中。因为我对犹太人怀有深深的偏见，他也花了很多时间和我讨论种族歧视的话题，告诉我这其实也是方框的一个特征——既是我的也是别人的。'如果你把某个种族或某种文化视作物，'他告诉我，'你对他们的看法就是一种种族歧视，无论你是什么肤色，无论你是否强大。'他让我知道，这句话适用于所有人，在穷人和富人之间是这样，老人和年轻人之间是这样，受过教育的人和没受过教育的人之间是这样，有信仰和没有信仰的人、天主教徒和新教徒、什叶派教徒和逊尼派教徒之间也是这样。

"'当你开始把他人视作人的时候，'本告诉我，'和种族、民族、信仰等有关的一切都会开始变得不一样。你将会看到人

们都有自己的希望、梦想、恐惧，甚至也会像你一样为自己开脱。'

"'但要是一种人确实在压迫另一种人呢?'我有一次这么问道。

"'那后者就一定要注意不要让自己也成为压迫者。人们很容易掉进这样的陷阱里,'他补充道,'尤其是当为过去的遭遇开脱的机会近在眼前时。'

"'要是他们仅仅只是想要终结这样的不公正,那他们自己怎么会变成压迫者呢?'我问道。

"'因为,大多数想要终结不公正的人,其实只会想到他们自以为曾经遭遇过的不公正。也就是说,要是这种不公正没有发生在自己身上,他们就不会在乎。他们只是把对自己的关注藏在了正义的外部事业之下。'"

说到这里,尤瑟夫顿了顿,然后环视了一圈在座的人。"这就让我回到了皮提思提到的那个问题,"他说,"我们该如何用全新的视角看待目前的境况。"

"本和我那天在纽黑文绿地上看到的人们似乎就更关注他们自己的困境,而非别人的。我虽然不是他们,不能武断地解读,但他们看起来也并没有在考虑他们正在责骂的那些人的困境,没有考虑到他们的生命已经受到了威胁。如果他们可以像为自己考虑一样多想想他人，他们自己和他们的目标都会获益良多。如果他们能找到一个'方框之外'的地方，他们就能通过问一些问题，以全新的视角来审视自己的处境了。"

他走到白板前，一边写字一边说道："比如这些问题。"

- 这个人或这些人在面对什么挑战、试验、负担，或痛苦？
- 我，或者我身处其中的某个群体，是如何增加他们的挑战、试验、负担或者痛苦的？
- 我或我的群体是如何在其他的方面忽视或错待个体或这些人的？
- 我的高人一等、理所当然、低人一等和重视他见的方框是如何掩埋关于他人和我自己的真相，又是如何影响可能存在的解决方法的？
- 我该为这个或这些人做什么？我该怎么帮助他们？

"在本的帮助下，"尤瑟夫说着，转身面向大家，"我开始问这些问题，问这些让我得以重新审视自己处境的问题。我的大部分人生都消耗在了我自己和我的民族面对的挑战、试验、负担和痛苦上。我从来就没想过要去想想以色列人可能也感到了重负，而我可能还增加了他们的负担，我可能也错待了他们，无视了他们。当我开始问这些问题时，世界便开始改变了。我仍然能够看到自己的遭遇，但是我同时也看到了别人的遭遇。以这样的方式看待一切时，我的遭遇也被赋予了新的意义。它打开了一扇窗，让我能够看到其他人可能感受到的痛苦，而其中有一些正是由我带来的。因为我不再需要为自己开脱，所以我也不必再紧抓着我的遭遇不放，不再以受害者自居了。对以色列人，我开始有了一种感情、一种渴望，而在从前这种感受却非常微弱。我开始看到了一种可能，看到了某种潜在的、可以解决我们之间问题的方法，而这些都是身在方框中的人无法看到的。在曾经只有愤怒和绝望的地方，我却开始看到了希望。"

"可以的话，我想给大家讲一个小故事，"他继续说道，"在跟随本学习几年后，我回家去看望了我的母亲，同时也决定去拜访另一个人。不知道摩德夏·拉万现在怎么样了？我当时想。他还在街上吗？还在乞讨吗？还在被无视吗？

"我在伯利恒的曼格尔大街上走了一圈，问街上做生意的人知不知道附近有一个四处讨饭的盲人。我想他那时可能已经 70 岁了，似乎已经没人知道他，也没人记得他了。

"最后我终于碰上了一个上了年纪的女人，也是个乞丐，嘴里歪歪扭扭地插着几颗黄色的牙齿，黝黑的皮肤仿佛皮革，深深的皱纹讲述着她凄风苦雨的一生。

"'摩德夏·拉万？我知道他。'她喋喋不休地说。

"'你知道在哪里能找到他吗？'我问。

"'你找不到。'她说着，奇怪地笑了笑。

"'为什么找不到？'

"'几年前就死了。就在那儿，那个角落。'她说着，伸出一根又短又粗的手指指向街对面的一条小巷子。'警察说他的尸体在那儿躺了三天，都臭了才有人发现。哎呀，那个臭味！啧啧！'她一边回想一边缩了缩。'这个老摩德夏别的不会，臭起来倒是很要人命！'说完她又发出了一阵怪异的笑声。

"这个消息深深地刺痛了我，连我自己都吓了一跳。他的人生多孤独，我哀叹道。那么重的负担，那么深的痛苦。而且身边还全是些只想着自己的痛苦而从没有注意过他的人。我转身走了。

"'喂！先生，'那个女人在身后叫道，'给我点钱呗？'

"我发现自己正梗着脖子不去承认她，不去感受她的人性。这在我身上几乎是条件反射了。

"天，这个方框居然还在影响我，我这么想着，几乎说出了声。我停下来拿出了钱包。'你叫什么？'我问。

"'娜拉，'她回答，'娜拉·默穆德。'

"我拿出了身上所有的钱。

"'为了摩德夏。'我说着，把钱递给了她。

"'是啊，先生，'她忽然神采飞扬，'为了摩德夏。'"

尤瑟夫环视着大家。这时，所有人都在思索着，沉思着。

卢的思绪都集中在三个人身上——卡罗尔、科里，还有凯特。他感到自己心中有一种新的渴望被唤醒了，这种渴望正建立在他今天早些时候关于科里的那些想法之上。他感到自己渴望去了解他的儿子。他感到一股渴望，想给儿子写信，向他道歉，和他分享一切，或者仅仅只是和他说说话。要是此刻没有在上课，他真的会这么做。他决定今天傍晚一定要写这封信，把它留在摩利亚野营地，让下一次去送信的人把它带过去。

"还有凯特，"他想。"我真为自己犯下的一切抱歉——为我的不听劝告，为我总是在插手和控制你管理你的团队，为我的愚蠢。我该怎么做你才能回来？对，我必须这么做，我必须要争取你回来。"

这个想法又让他想到了卡罗尔，他"争取"到了她的心，但在接下来的那么多年里却完全忘记了这回事。他伸出手，碰到了她的手。"我再也不会忘记了。"但是接着他就意识到了这有多天真。他当然会忘记。就像尤瑟夫说的，那个方框仍然在影响他。卢知道，他想对卡罗尔说的话，比他那个早上努力表达的要多得多。几个善意的愿望并不能战胜多年的固执。无论她需要什么，他都会给她，他告诉自己。

"但你不会给她，"他的心里响起了另一个声音，"你一回家就会再次献身于你的工作，而她也会再次扮演起一个勤劳的室友和守护人的角色。"

"不，不能这样下去了！"卢对自己呐喊道。"我该怎么做才能在一切都太晚之前改变我和我的摩德夏的关系？"他迫切地问道，"我又该如何保持这样状态？"

尤瑟夫露出了微笑。"本·阿瑞格教给我的理念，尤其是关于解放自己的那些问题，其实完全可以改变一切，只要你能找到通往方框之外的那个地方的道路，并且发自内心地发问。每当你觉得自己被困住了，无论是在工作上还是家庭上，你都会需要再次找到那个方框之外的地方，就像我们在这里一起发现的这个地方一样，而相应地，你也会再次感到十分好奇。你对于他人的问题将会把你从自我开脱和责怪他人的状态中解放出来。有那么一会儿，你将会清楚地看到和感受到一条向前的道路，而这是你从前从没有见过的。你在这里感受到的，不就是这样一条道路吗？"

卢缓缓地点了点头。

"但是，你是否自由，"尤瑟夫继续说，"自由到怎样的程度，都取决于接下来发生的事。"

"什么事?"卢问道。

"那就是'走出方框'这一过程的最后一步。"

第二十一章　保持方框之外的状态

卢等了一会儿。"好吧，那是什么？"他问，"你说的最后一步究竟是什么？"

"格温，"尤瑟夫说，"你还记得你爸爸最喜欢说的那句话吗？"

"记得可太清了。"她嘲讽地笑道。

"她父亲跟这有什么关系？"卢不耐烦地问道。

"实际上，卢，关系很大。"

"怎么说？"

"格温就是本·阿瑞格的女儿。"

卢比看到复活节兔子跳进门来还要惊讶。所有人都惊掉了下巴。

"不必大惊小怪，"一片寂静里，格温在众人呆呆的凝视中说道，"你们知道吗，有时我们最不愿听的就是父母的话？"她说道，更像是在问自己。

大家都点了点头。

"多年来，我一直都不愿意听我父亲说的话。'别用你那套糊弄我，'从前他每次建议我换个方式来想问题时我都会这么对他说。他觉得我应该放下对前夫的仇恨，原谅错待我的妹妹，重新审视我对种族的看法。但他是我爸，他能懂什么？"

她顿了顿，在这样坦白自我的时刻，没有一个人敢说话。

"我会在这里，"她低声说，"只是因为这是他生前最后的愿望。"

卢打破了沉默。"他去世多久了？"

"六个月，"她说，"过马路的时候被一个醉驾的司机撞了。第二天早上就走了。"

"噢，太可怜了，"卡罗尔说，"真是无法想象。"

伊丽莎白伸出手环住了格温。

"节哀，格温。"米格尔说。

"对，"瑞亚摇着头附和道，"真是个悲剧。"

"这其中的讽刺意味几乎让人难以释怀，"格温说，"爸爸一辈子都在帮助别人放下自己心中的怨恨，忘记曾遭受的错待。结果他自己却是被一个酒鬼杀死的！他的理念没能救他的命。"

"你说得对，格温，"尤瑟夫同意道，"确实不能。我们都不能完全免于被错待的命运。这也不是你父亲想要说的。但是，总有办法能不让错待摧毁你和你内心的和平。哪怕它像这件事一样让人难以承受，"尤瑟夫看着她，"你想休息一下吗？"

她摇了摇头。"我没事，"接着她看向尤瑟夫和阿维，"谢谢你们帮我听见他的声音，"她说，"你们让我想了很多。"

"噢，"接着她看了看其他人，又补充道，"我父亲最喜欢的一个词就是行动。"

"'行动'？"卢重复道。

"对。"

"为什么？"

"我也不完全确定，"她说，"但是尤瑟夫肯定知道。"

"对，我觉得我知道为什么，"他回应道，"我觉得你父亲是想提醒自己，虽然他可以通过找到一个'方框之外'的地方来走出方框，并且以全新的视角审视自己的处境，但是要想待在外面、远离方框，他还得要实行一种策略。也就是说，他必须要去做点什么。"

"做什么？"卢问。

"那就只有他自己知道了。"尤瑟夫回答。

卢一点都不喜欢这个答案。"但这也帮不了我了，不是吗？不好意思，尤瑟夫，但是这还不够。我需要更明确的答案。"

"确实需要，卢，但是本很睿智，他知道你需要的东西不是他或其他人可以给的。你认为不能帮助你的建议，可能才是唯一可以帮到你的东西。其他的一切都是在骗你。"

"那你得告诉我那是什么意思。我没懂。"

"当然。我们可以把它放到我们之前讲过的故事里解释。还记得阿维感到了给哈米什写信的渴望吗？"

"记得。"

"他当时也凭着这股渴望写了信，对吗？"

卢点点头。

"那你还记得我感到了一股要去寻找摩德夏的渴望吗？"

卢再次点点头。

"我是不是也追随着这股渴望，就像阿维追随他的渴望了呢？"

"对。"卢说着，仍然不太确定对话的方向。

"还有李梅和麦克，他们不仅想到要脱鞋，而且也确实这么做了。

"还记得昨天的卡罗尔吗？"他继续说，"她当着大家的面向米格尔道了歉，不是吗？"

"是。"卢听到这里，声音变小了许多。

"她不仅想要这么做，她也确实做了。"

卢点点头。

尤瑟夫直直地看向卢："我现在要提出一个关于你的猜想。卢，你介意吗？"

"说吧。"卢说道，语气中不带一点嚣张气焰，而这哪怕在仅仅 24 小时之前也是不可能的。

"我猜，就在我们聚在这里的这段时间里，你也产生了各种各样的渴望，感到自己想要为科里或卡罗尔或某个同事做点什么，或至少开始为他们做点什么。我说得对吗？"

卢立刻想起了他想给科里写信的渴望，还有为自己的所作所为向凯特道歉并邀请她回到查格茹的渴望，当然还有改变对卡罗尔的态度的渴望。他也意识到了自己必须要做点什么来远离方框对他的影响，不让那个方框毒害他与别人的关系。

"对，我确实是这种感觉。"卢回答道。

"那我希望你可以再看看白板，"尤瑟夫说，"在恢复了这种渴望和对他人的感知后，我们这个图表中走到了哪一步呢？"

"最顶端。"卢回答。

"所以，走出了盒子咯？"尤瑟夫追问道。

"对，我猜是这样。"

"恢复对于帮助他人的渴望，并不代表你就走出了针对这个人的方框。在这时，问题不再是如何走出方框，而是如何保持在方框之外的状态。"

"再从上到下看看右页这个图表，"他继续说，"你需要做什么才能保持待在方框之外的状态呢？"

"重视这种感受。"卢思考着，说道。

"那谁才能分辨出哪种感觉是你需要重视的呢？"

卢想了想："我猜，就是那个体会到这种感受的人吧。"

"正是如此，"尤瑟夫回答，"这就是为什么我不能告诉你，你究竟需要做什么。只有你自己才知道。这毕竟是你的生活，只有你知道你受过什么冒犯，错过了什么机会，遭到了怎样不友善的对待等。就像我不可能告诉阿维他需要写封信给哈米什一样。只有他才知道他需要做什么。同样，他也不可能那么了解我的生活，不可能建议我去寻找摩德夏·拉万。注意，重要的不是去做某件事的感觉，而是那种渴望，那种来自心底的渴望，"他说完后又补充道，"就像你心中的那种渴望一样，卢。"

尤瑟夫顿了顿："在恢复这些对他人的感情后，我们还必须要依照它们行事。这就是为什么，行动会是本最喜欢的词。我们需要重视自己的感受，而非背叛它。比如说，卢，要是你背叛了你现在对他人的感受，你肯定也会觉得这是情有可原的，但这样的话你就会立刻回到方框之中。所以一旦你找到了走出方框的办法，保持这种状态的关键就在于依照你的感受做你该

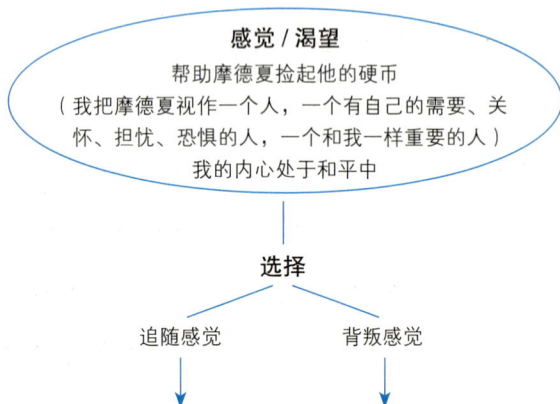

选择图表

感觉 / 渴望
帮助摩德夏捡起他的硬币
（我把摩德夏视作一个人，一个有自己的需要、关
怀、担忧、恐惧的人，一个和我一样重要的人）
我的内心处于和平中

选择

追随感觉   背叛感觉

对自己的看法	对摩德夏的看法
更优越	没有权利待在那里
受害者	毁了我的和平
（受到了亏欠）	犹太复国主义的危险
坏（但是被迫的）	分子
想要被视作一个好人	偏执狂
感受	**对世界的看法**
生气	不公平
难过	不公正
怨恨	有负担
合理	和我对着干

常见的内心交战方式
高人一等
理所当然
低人一等
重视他见

做的事。这样就是在根据你在方框之外得到的感受行事。"

说到这里，尤瑟夫在白板上加上了第四点。

恢复内心的澄净和和平

（四部分）

走出方框

1. 寻找方框的标志（怨恨、自我开脱、妖魔化、常见的方框形式等）

2. 找到一个方框之外的地方（方框之外的人际关系、记忆、活动、地点等）

3. 以全新的角度审视当下的处境（也就是说，从方框之外的角度来审视）：

   - 个体或这些人在面对什么挑战，或试验，或负担，或痛苦？

   - 我，或者我身处其中的某个群体，是如何增加他们的挑战、试验、负担或者痛苦的？

   - 我或我的群体是如何在其他的方面忽视或错待个体或这些人的？

   - 我的高人一等、理所当然、低人一等和重视他见之方框是如何掩埋关于他人和我自己的真相，又是如何影响可能存在的解决方法的？

- 我觉得我该为个体或这些人做什么？我该怎么帮助他们？

保持方框之外的状态

4. 根据我所发现的东西行事；做我感觉自己应该做的事。

"这，"尤瑟夫说，"就是恢复内心和平的方法，哪怕此时我们正身处战争之中。我们对方框的标志保持警惕，然后找到一个方框之外的地方，一个能让我们更加清楚地认识当前处境的地方。然后我们便开始去考虑他人的困难，而不仅仅是我们自己的。这次过程中，我们将会看到自己从前没有看到的东西，并会因此被打动，这样，我们便会采取新的行动。当我们恢复了我们的感受或帮助他人的渴望后，我们便找到了走出方框的道路。我们究竟能不能一直待在外面，保持内心的和平，就完全取决于我们是否重视这种感受或渴望了。"

"但我们身边的战争怎么办？"卢问，"虽然找到内心的和平很重要，但仅仅只是这样也不能阻止战争啊。"

尤瑟夫露出了微笑，说道："那也不一定。"

"什么不一定？"卢问。

"这要看这场纷争的本质是怎样的，"尤瑟夫回答，"如果仅仅只是你和他人之间的纷争，那找到内心的和平几乎就能完全解决这种外部的战争，连你自己都会惊讶于它多么有效，"他的眼睛仍然望着卢，"比如说，卢，我们可以想想你和格温的关系。昨天有好几次你几乎都快从椅子上冲出去和她一决雌雄了。再看看你们现在。"

他们互相看了看。卢假装做出一个左勾拳的动作，大家都笑了。

"但要是其他纷争呢？"皮提思问道，"比如说，如果是比刚才这种时间更长或参与的人更多的呢？只有一颗心保持和平不一定能解决这些问题。"

"对，你说得对，皮提思，确实解决不了。但是我们也要注意它能带来的影响。走出方框能让你第一次看清局势，不带夸张，也不用为自己开脱。它能让你来到一个这样的位置，在这里，你将施加影响，将人们带向和平，而非一味地激化冲突。你说一颗心保持和平不能解决你需要面对的复杂的外部问题，这是对的，但是如果没有内心的和平，这些问题也不可能得到解决。"

"那该怎么办呢？"伊丽莎白问，"昨天你说过会在今天的最后讲到如何帮助他人改变。我猜，按照你刚才告诉我们的方法改变自己，就是改变他人的第一步。但接下来呢?"

　　"接下来，你就去让一切重回正轨。"尤瑟夫回答。

　　"怎么重回正轨?"

　　"做我们正在对你们做的事。"

第四部分

传播和平

第二十二章　和平的策略

"你们还记得我昨天早上画的那个分成两层的金字塔吗?"尤瑟夫问,"我把第一层叫作'处理差错',而第二层则叫'帮助一切重回正轨'。记得吗?"

大家都点了点头。

"那么你们也会记得我们当时都同意,我们平常的大部分时间其实都花在了处理差错上,虽然这种做法并不是最理想的。"

大家再次点了点头。

"我想向大家再多介绍一点这座金字塔的细节,"他说,"这座金字塔搭建起了一个框架,而在摩利亚野营地,我们正是基于这个框架来对待孩子们、员工们,还有你们。它不仅告诉了我们该如何找到和平,还告诉了我们该如何创造和平。它展示了如何用合作代替纷争。"

说到这里,尤瑟夫转身画下一个和他昨天画的那个十分相似的金字塔。像之前一样，他也把它分成了"处理差错"和"帮助一切重回正轨"两个部分。但接着他又把它进一步分成了六层，并且在最顶层写下了"纠正"二字。

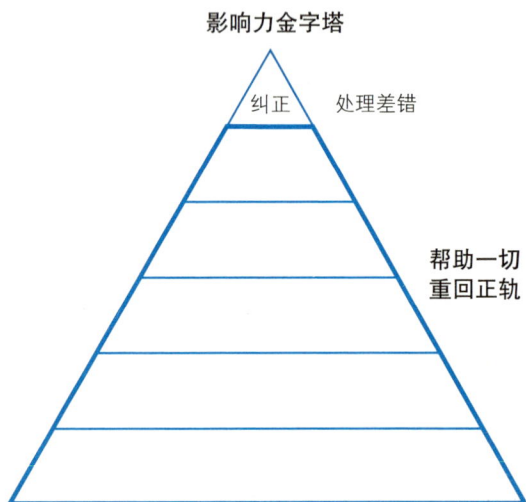

影响力金字塔

纠正　　处理差错

**帮助一切
重回正轨**

　　他转过来面对着大家，说道："当我们想要改变其他事物时，无论面对的是一个小孩、一个工作小组，还是世界的一片区域，我们都是在试图纠正他或他们，不是吗？我们就是在认为，改变了其他人，我们的处境也会得到改变，对吗？"

　　"对。"大家都回答道。

　　"但那是错的，不是吗？"瑞亚问道，"认为需要改变的是其他人，这就已经是个问题了，对吗？"

　　尤瑟夫露出一个微笑："你觉得，想改变自己的孩子是你的问题吗?"尤瑟夫问瑞亚。

她皱了皱眉。"不,我不这么觉得。"她说。

"如果他不改变,"米格尔咕哝道,"他的生活就会变得一团糟。"

尤瑟夫点点头。"所以,这件事其实不是说希望别人改变就是有问题这么简单的,对吗?"他问。

"应该是吧。"瑞亚回答道,忽然不太相信自己对这个问题的理解了。

"真正成问题的,"尤瑟夫继续说道,"是只想着让别人改变,却从来不愿意想想我们自己也需要改变。这才真正的问题。"

"对,"瑞亚同意道,"因为如果你自己都身处方框中,那你也没办法让人改变。这样的话,你只是在激化你们之间的矛盾。"

"对,"尤瑟夫赞同道,"而且还有一个原因:因为我自己正在用方框中的态度对待别人,所以我认为他们需要改变的想法可能是错的。比如说,也许我的伴侣并不像我认为的那么蛮不讲理。又或者,是我对孩子的行为大惊小怪了。又或者,工作中的另一个团队可能真的是对的。在走出方框之前,我永远都分不清究竟哪些改变是真的有帮助,哪些又只是在加重我的方框的影响。"

"过去的两天里，我们一起发现了一件事，"尤瑟夫继续说，
"那就是，想要让一切重回正轨，最重要的就是自己得先走出
方框。"说着，尤瑟夫转身面对白板，在金字塔的最下层写下，
"走出方框 / 得到内心的和平"。

影响力金字塔

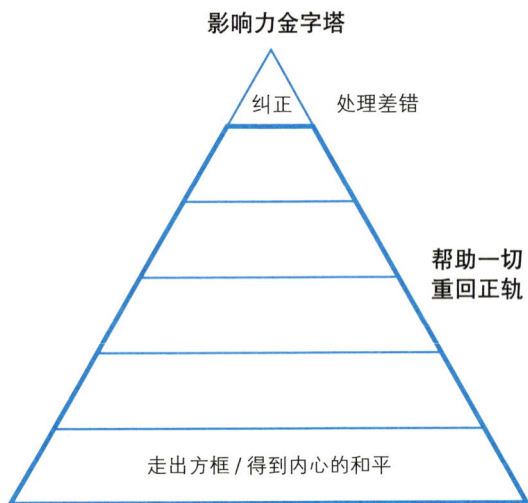

纠正　处理差错

帮助一切
重回正轨

走出方框 / 得到内心的和平

"这不仅是我们的目标，"他继续道，"也是我们每个人家里
出的最大的岔子。我们的心常常都在对我们的孩子和对手开战。
所以我们在这里做的每件事其实都是为了纠正这一点。而我们
做的每一件促成这种改变的事又都可以用这座影响力金字塔的
各层来表示。"

"但这些层现在都是空的。"卢半开玩笑地抗议道。

"那我们就以一个例子来把它填满吧，卢，"尤瑟夫微笑道，"比如说，我们假设你需要改变自己身上的一些东西。"

"我明白，"卢打趣道，"纯属虚构。"

"对，"尤瑟夫又笑了，"假设，昨天早上你进来坐下的时候，阿维曾对你说，'卢，你必须要走出方框！'你觉得这句话帮助大吗？"

"这个嘛，我觉得他当时确实是想这么说来着。"卢笑着说。阿维也露出了一个大大的微笑。"但是，不，这句话肯定没什么效果。"

"那要是你拒绝之后他惩罚了你呢？要是他让你去另外一个房间里想清楚了再来呢？或者，要是他不给你水或者其他的饮品呢？你觉得这会帮你走出方框吗？"

"呃，不会。"卢实事求是地说。

"所以你也看到了，单单是这种纠正真的很难改变他人，"尤瑟夫说，"如果我在纠正他人的时候自己已经走出了方框，这可能会有点用，但即便如此作用也不会太大。那要做什么才会有用呢？金字塔告诉了我们四种行动，而当这些行动和一颗和平的心结合在一起时，就能创造极大的力量，促人改变，使人走向和平。

"第一种行为就是我们在过去的两天里一直在做的：教学。"

说到这里，尤瑟夫在金字塔的"纠正"下面一层里写上了"教学 & 沟通"。

影响力金字塔

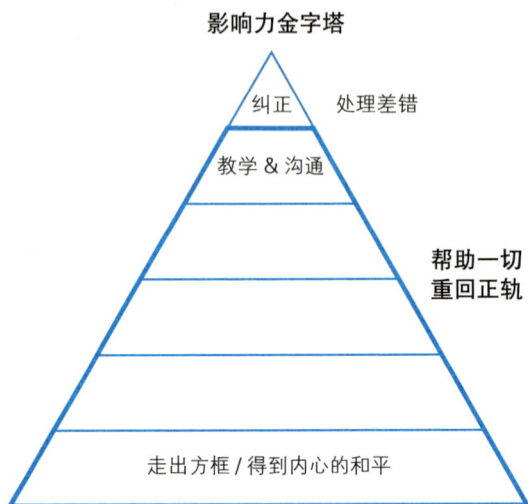

纠正　处理差错

教学 & 沟通

帮助一切重回正轨

走出方框 / 得到内心的和平

"光是告诉你要走出方框并没有什么用，"尤瑟夫继续说道，"因为你根本就不知道什么是方框。同样，如果我们试着要纠正的人根本就不知道自己应该要做什么，这种纠正也毫无作用。甚至在国际事务中也是一样。如果一个国家不能清楚而有力地解释自己在国际社会中某些行为的动机，其他国家便容易对它产生抗拒。无论在什么样的背景下，如果我的教学失败了，那很可能我纠正他人的行为也会失败。"

"说得深一点，"尤瑟夫继续说，"如果我自己都没有在听，没有在学，那我也没必要去教了。当然，我们在一起的时候我有一些想法可以教给你们，但如果我忽视了你们自己的境况和问题，仅仅只是按照计划给你们讲课，那也不会有太大的作用。"

说到这里，尤瑟夫在金字塔的下一层加上了"倾听＆学习"。

影响力金字塔

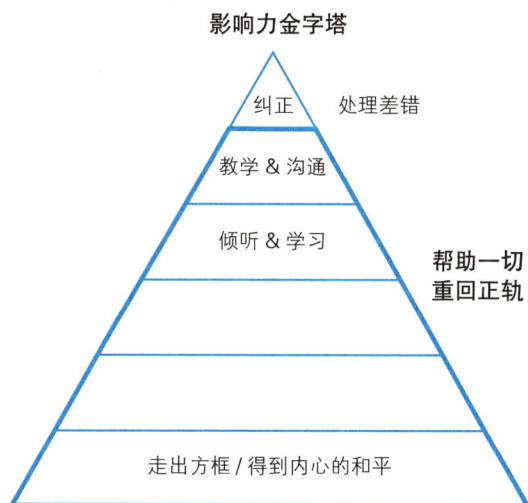

尤瑟夫再次面向大家。"一直以来，我们都在努力倾听你们的声音，"他说，"和你们谈谈那些你们关心的事情。昨天我就觉得我在这一点上做得不够好，因为你们肯定也还记得当时卢觉得我在逃避他的问题。"

"其实我觉得是他在逃避你的回答。"伊丽莎白开玩笑地说。

"一针见血，伊丽莎白。"卢笑道，"真是一针见血。"

尤瑟夫也露出了笑容。"实际上，早在你昨天来到这里之前，"他继续道，"我就已经开始从你身上学习东西了。还记得我们之前让你们写写你们自己的孩子吗?"

房间里的大多数人都点了点头。

"通过这种方式,我们得到的关于你们的信息其实并不比关于你们孩子的少。阿维和我几个月来都在想着你们的问题,并且试着让我们的教学围绕着我们学到的关于你们的事情展开。"

"说到学习,"阿维插话道,"这座金字塔里关于学习的这一层还有另一个非常重要的作用,那就是它总会提醒我们,我们的看法和观点可能会是错的。比如说,我在工作上一直坚持的某个目标可能是错的,或者一直以来我对待孩子的方法可能会伤害他的感情,又或者,我们设计的课程结构没什么用等。金字塔的学习一层能够让我们保持谦虚。它告诉我们,可能我们一直希望要去改变的那个人或那些人,并不是唯一需要改变的人!它能让我们不断地打磨自己的观点和看法。"

"而这些也可以应用到国际事务上,"尤瑟夫赞同道,"要是一个国家的首脑没有主动去了解那些他想要与之沟通的人民,没有去向他们学习,那这个国家的行动的效率该有多低?例如,如果我们想要改变中东的局势却又总是忽视当地的人民,不理解他们的想法和观点,那我们的教学效率又该有多低?再者,如果我们明知别人需要改变,却不愿意从他们身上学到东西并改变自己,那我们又能让他人改变多少呢?如果我们不会学,那去教别人也只是在做无用功。在这座金字塔中，某一层的失败总是会危及它上面的那些层面的成功。"

"现在，"他指着图表继续说道，"我们还有两层需要考虑。你们觉得什么东西会削弱我向他人学习的意愿和能力，最终影响我教学的效率呢？"

没有人立刻回答这个问题。

"这个呢？"他问着，在金字塔的下一层上写下了"建立良好关系"。

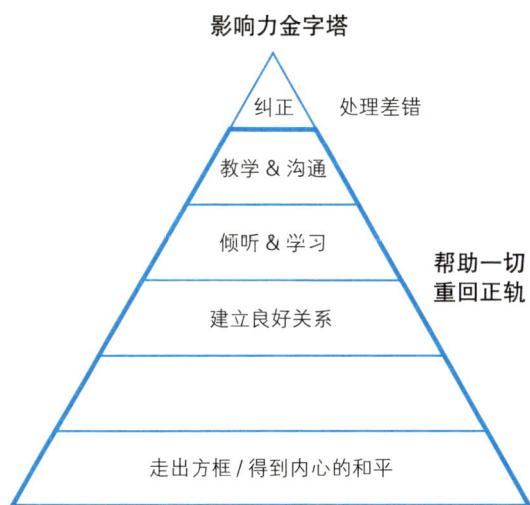

影响力金字塔

纠正　处理差错

教学 & 沟通

倾听 & 学习

帮助一切重回正轨

建立良好关系

走出方框 / 得到内心的和平

"比如说，如果我和那些为我工作的人关系处得不怎么好，怎么办呢？"他继续说道，"你们觉得这对我向他们学习的能力和我进行教学的能力有什么影响呢？"

卢立刻想到了约翰·莱切。卢清楚地知道，他和莱切恶劣的关系严重阻碍了他和工会的合作。

"或者，你们和那些被你们带到这儿来的孩子们的关系呢？"尤瑟夫继续说，"你们的关系称得上牢固健康吗？"

房间里的很多人都耸了耸肩。

"如果不是，那我猜你们的孩子身上还有很多地方你们并不了解，而他们也没有和你们分享。这么一来，你们就无法向他们学习，而你们想要教育和纠正他们的努力也会随之被削弱。也许你们现在正需要搞清楚如何跟你们的孩子们搞好关系。暂时先把他们的问题放到一边。他喜欢做什么？你能花点时间和他一起做这件事吗？你能做点什么来帮助建立这种关系吗？"

卢回忆起了往事。他和科里已经有许多年没有过这样的亲密时刻了。他们曾经也会一起打高尔夫球，但那已经是很久以前了。他不再清楚科里究竟想要什么，不知道他的希望，也不知道他的梦想。卢甚至不知道科里平时喜欢做什么。他只知道，他的儿子不应该去嗑药！卢对科里的纠正和教育一直以来都没什么用。而现在他知道其中至少两个原因了：他这人太刚愎自用，根本不屑于向科里学习，也不愿意去了解他，而且他也完全放弃了去搞好他们之间的关系。过去的几年里，他们之间的一切都是围绕着科里嗑药的事情展开的。无论是说出了口的，还是没有说出口的，他们交换的每一言每一语，背后都藏着这样的潜台词。

卢摇了摇头。"太可悲了。"他说。

"什么？"尤瑟夫问，"什么可悲？"

"我的过去，"卢回答道，"很明显，我应该花更多时间来搞好我和科里的关系，但是最近这段时间，我甚至想都没想过这个问题，就像方框把我的眼睛蒙住了一样。"

"差不多了，"尤瑟夫说，"想想吧，如果我确定自己是对的，那我确实很难看到自己究竟在哪里失败了。所以我就会一直做同样的事情——比如说，同样的说教和同样的惩罚。而结果也是一样：别人仍然有各种问题。我呢，一方面恨死了这种结果，一方面又可以因此为自己开脱。而这正是我身处方框之中时最需要的东西。我对自我开脱的需要使我对于所有的可能性都视而不见，无论它再怎么显而易见。"

卢厌恶地摇了摇头。

"最后一层是什么？"皮提思问，"就是'建立良好关系'和'走出方框'之间的那层。"

"你们，"尤瑟夫回答，"勉强这么说吧，当我们在摩利亚野营地思考关于你们的孩子的问题时，正是你们占据了下一层的空间。这是因为，金字塔的这一层是要让我们想要帮助的人和能对他们产生影响的人建立起良好的关系。而对你们的孩子的人生影响最大的，就是你们了。所以，如果我们想给你们的孩子带来正面的影响，我们最好先和你们建立起良好的关系。这座金字塔想告诉父母的也是同样的道理——他们必须要和那些对他们的孩子有重要影响的人建立起良好的关系，而这可以从他们的伴侣或者前伴侣开始。"

"那他们的朋友们呢？"瑞亚问，"你是说，我们需要和他们也建立良好的关系吗？"

"希望你不是这个意思，"皮提思开口道，"我自己都不想让我女儿和某些人交朋友，这也是我们的问题之一。我不想让她跟那些人混在一起。"

"那你的这番脱离公告让你女儿远离他们了吗？"

皮提思犹豫了一下："确实没有。"

"那你也许可以想想怎么利用金字塔来解决你的问题。"尤瑟夫说，"我们来看看它完整的结构。"

尤瑟夫看着皮提思继续说道："我知道你曾经试着去纠正你女儿选择朋友的行为，你可能贬低过她的朋友们，也可能不让她和他们待在一起。"

皮提思轻轻点了点头。

"我猜，虽然你曾经试过要和她谈谈这个问题，但你们的谈

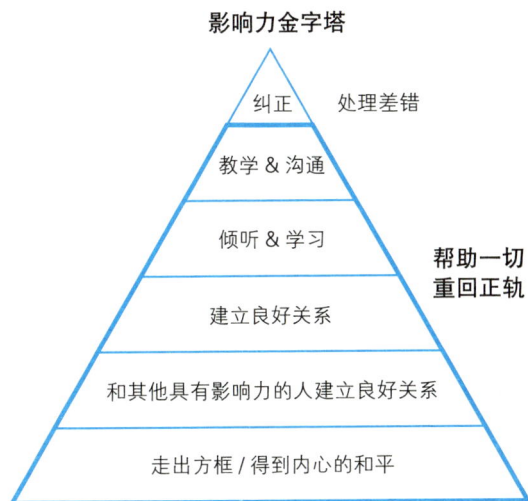

影响力金字塔

纠正　　处理差错

教学 & 沟通

倾听 & 学习

帮助一切
重回正轨

建立良好关系

和其他具有影响力的人建立良好关系

走出方框 / 得到内心的和平

话进展得并不顺利。"

"差不多吧。"皮提思承认道。

"要是这样的话，这座金字塔能让我们更深入地看待这个问题，"尤瑟夫回应说，"金字塔的下一层让你思考，你是否好好倾听过你女儿的话，有没有向她学习过。比如说，你知道她喜欢这些朋友的什么吗？你知道她对什么感兴趣而她又是为什么会选择这些朋友吗？你知道她在面对什么样的困境吗？又比如，你知道你离婚的事对她的影响有多大吗？"

这句话让卢吃了一惊。他都没有注意到皮提思是一个人来的。他看向金字塔的学习一层。"也许我就是不在乎别人，所以才会对他们毫无好奇心。"他想。这个想法沉甸甸地压在他心里。

"或者，再深入一点，"尤瑟夫继续说，"你和你女儿的关系有多牢固？你们的关系越健康，她就越有可能考虑你对她的朋友的看法。你有没有花足够的时间来和她建立这样的关系呢？

"最后，你和其他那些对她有影响力的人的关系如何？比如说，和她的妈妈，或者她的朋友。"

卢看着皮提思，后者似乎陷入了挣扎中。

"你知道吗，"尤瑟夫继续说道，"我从我自己的一个儿子身上也学到了一些有趣的东西。他也有一个我不喜欢的朋友。我真是一点都不喜欢他。我试过一个父亲可以采取的所有措施，比如，我说过那个男孩的坏话，也曾不让我的儿子见他，等等。"

皮提思从自己的思绪中抬头，看向尤瑟夫。

"这就是为什么我能猜到你做过的事情，"尤瑟夫露出了微笑，"当我有一次向阿维抱怨这件事时，他告诉我，我应该去做那些我教别人做的事才对！因为有了阿维的鼓励，我开始把这座金字塔应用到我自己的问题上来。以我的例子来说，我儿子在我开始邀请这个朋友到我们家来玩以后，就渐渐失去了对他的兴趣。而到了那个时候，我却真的喜欢上了那个孩子。当时我几乎有点舍不得让他走。我努力想让我的儿子和他的朋友分开，但在我走出对待儿子的方框前，这种做法却只是让他更想和他待在一起。"

尤瑟夫看向皮提思，他似乎正深陷于思索。"老话说，'敌人的敌人就是朋友'，"尤瑟夫开口道，"方框也是这么想的。别让这个等式走进方框中，这样，你和你女儿可能会发现一些新的答案。"

"其实，"他看看其余的人，继续说道，"我们都会发现新的答案。如果我们把影响力金字塔应用到实际生活，它将在我们与他人的交流之中指引我们前行，无论这交流是发生在我们家里、工作场合，还是国际社会。它会让我们的头脑和心灵保持清醒，并告诉我们应该采取怎样的行动。它会帮助我们提高自己积极的影响力，哪怕情况艰难也是如此。"

"也就是说，"他继续道，"只要我们能记住，把金字塔教给我们的这些重要的教训应用到实际生活中，就可以了。"

第二十三章　金字塔的教训

"教训?"卢问道。

"对。"尤瑟夫回答,"金字塔教给我们三个重要的教训,这也是让我们在任何情况下都能应用它的公式。我们已经提到了其中的第一个。"

说着,他写下如下的内容:

教训一

应该多在金字塔中较低的层面上花费时间和功夫。

"记住,我们得把大部分的时间花在金字塔中纠正一层下面的层面中,这和我们平常的做法正好相反。我们得多花时间来帮助一切重回正轨,而不是把时间都花在处理差错上。我们都必须走出方框,建立起良好的关系,倾听和学习,教学和交流。

当情况失控时，我们会选择做一些纠正的事，可能是不准小孩子继续玩耍，可能是派飞机进入攻击了我们的国家的领空，但正是在这种时候，金字塔里较低那些层面才愈发重要。'纠正'这种做法本来就需要很多准备工作，所以，当我们选择去纠正别人时，相应地就得增加自己在较低的那些层面上花费的精力。比如说，如果我们觉得有必要使用武力，那在此基础上花费更多时间来沟通、学习和建立良好的关系，才是更加明智的做法。

"当我们主动用金字塔低层的方式来生活时，我们通常都会发现，我们需要花费在纠正上的时间比从前少了很多。我们也会发现自己在纠正别人时的影响力比从前更大了，这是因为我们的努力没有终止，我们为此创造的环境没有消失，纠正他人正是在此之上产生效果的。这样一来，纠正他人的行为也不会再显得随意或武断，而是会和我们更深层次的努力联系在一起，使得一切重回正轨。无论是在家里、工作上还是国际社会中，影响力金字塔带来的第一个教训都是：我们应该把大多数的时间和精力花费在金字塔中较低的层面上。"

"现在，谈谈第二个教训。"他继续说道。

教训二

在金字塔中，解决其中一层的问题的方法永远能在下一层找到。

"这一教训也和我们平常的反应相反。当我们觉得自己纠正别人却没有什么效果时，我们通常都会施加更多的压力，更用力地去纠正。当我们的教学没有效果时，我们通常也会想要通过继续说教和更加坚持己见来挽救。也就是说，为了纠正我们自己创造的问题，我们总在不停地唠叨，我们纠正问题的方法也只是唠叨而已！"

卢想到了他对科里进行"教学"的过程。

"如果我总在纠正，但问题却仍然没有解决，"尤瑟夫继续道，"那可能就意味着，想要解决我目前正在面对的这个问题，这样的纠正是没用的。教学也是同样。如果我听了也学了，甚至还改变了自己的看法，但问题却仍然存在，那我可能就需要走出去和其他人建立起私交。可能我不仅要努力和我正在面对的人建立起良好的关系，还需要和那些同我一样也在面对他们的人打交道。

"李梅也跟我们分享了在摩利亚野营地和他人建立起良好关系的方法：在和他人相处时，一定要记住跟着他们'脱掉鞋'。我们要看到他们的极限，要以同样的标准来要求自己，比如，昨天午餐时间我们交给各位的任务——在那期间把每个人都视

作一个人 —— 也是阿维和我对自己的要求。昨晚我们让你们想想自己生活中的纷争和方框，我们自己也这么做了。而且，正如你们在这里时感到自己需要为别人做点什么一样，我们也有同样的感觉，今天离开时也会产生和你们同样的渴望：去做我们认为需要做的事情，使一切重回正轨。

"如果你发现自己努力了却仍然没法和别人建立良好的关系，那么这第二个教训就告诉了我们，仅仅只是多花点时间和别人待在一起也不会是解决的办法，如果这个问题真的能解决的话。问题可能出在金字塔最下面的一层上，出在我的生存之道上。"

"而这，"尤瑟夫说道，"就让我们回到金字塔的最底层，还有它教给我们的第三个教训。"

教训三

最终，我在每个层面上的成功都取决于金字塔的最底层 —— 我的生存之道。

"我完全可以尽全力去建立我的人际关系，"尤瑟夫说，"但如果这么做的时候我自己还身在方框之中，那可能效果也不会太好。而如果我去学习的时候还身在方框之中，我最后也只会听到自己想听的。如果我身处在方框里还想去教别人，那我只会招来他人的反感。"

尤瑟夫环视了一圈在座的各位："我在金字塔底层之上的每一个层面的成功，都取决于底层的状况。我想问大家的是，为什么呢？"

大家都看向了金字塔。

"各位可以试着从昨天的那个'生存之道'图表中找找答案。"尤瑟夫说。

"我知道了。"过了一会儿，卢说道。

"什么？"尤瑟夫问，"你看到了什么？"

"'生存之道'的图表告诉我们，我们大多数的外部行为都是在两种状态中完成的——内心开战或内心和平。"

"对，"尤瑟夫同意道，"那这和影响力金字塔有什么关系呢？"

"底层之上的所有层面都在描述一种行为。"卢回答。

"正是如此，"尤瑟夫说，"所以我和别人建立关系、去学习、去教学，或去纠正他人，都是以在或不在方框中两种方式完成的。我们昨天已经从'合谋图表'中学到，当我在方框之中时，我的行为常会招来反抗。虽然入侵耶路撒冷有两种方法，但只有其中一种才能让人通力合作，而另一种则只是播下了未来失败的种子而已。所以，当金字塔向我们指引出方向，告诉我们做什么样的事才能让他人改变时，这最后的一个教训就能让我们明白这绝非什么错觉。金字塔不断地让我想到，问题可能正是出在我自己身上，也让我隐隐明白，可能我自己也是解决方法的一部分。让人改变的环境绝非只由行为计划构成。无论是在家里、工作上还是在人们之间，只有聪明的外部计划与和平的内心结合时，真正的和平才会到来。

"这就是为什么我们要花那么多时间来一起探讨如何从最深处提升自己。如果我们不把自己的心摆正，我们的计划也不会有成效。但是，只要我们把心放正了，外部的计划就会带来重要的影响。这座金字塔的好处就在这里，它既能提醒我们改变自己才是最根本的，也能教我们制订行为计划去鼓励他人改变。它既在提醒我们走出方框，同时也让我们鼓励别人走出去。"

听到这里，卢看到了这座金字塔将能给他在查格茹的工作带来的影响。首先，他需要请凯特回来。他还不知道如何开头，但他知道他需要和她谈谈——让她知道他在自己身上发现的短处，告诉她他改变的决心。而且他明白，他还得请她帮忙看看他身上还有什么毛病是自己没能看到的。他需要向她学习，而且现在他也终于愿意去学了。至于他们的关系，他不确定自己能不能修复它，毕竟他之前的行为实在太过分。但是他忽然明白自己该从哪里开始着手了。她之前准备了一把梯子给团队打气，但他把它挪走了，因为他觉得这种做法很蠢。挪走梯子这件事象征着他对待他人时态度不好，凯特之前也是这么说的。虽然听起来真的挺傻的，但他知道他得把她的梯子找回来。他决定，和卡罗尔一回家，就把这把梯子送到凯特在康涅狄格州里奇菲尔德的家里。

这又让他想到了卡罗尔。他知道自己很容易就会钻进"高人一等"和"理所应当"的方框里，而结果就是其他人都会因此而隐入背景之中。他担心这种情况还会发生，尤其是发生在卡罗尔身上。他觉得，这座金字塔也许可以帮他一把，只要他可以不停地提醒自己，坚持在金字塔下面的几层下功夫，他就能记住要待在中间的那一层向卡罗尔学习，比如说，去想想她的一天过得怎样，还有她的感受如何。这也能让他记住，一定要去搞好他们之间的关系，比如，要多花点时间做一些她喜欢的事情。至于金字塔的最底层，如果他能想办法记住是卡罗尔而不是他自己将他们整个家团结在一起，他就能获益良多。如果他能记住这一点，再觉得自己比她更优越、更重要，就没有那么容易了。

卢再次看向金字塔。他终于又找到了一点希望。但他还是很担心。"我担心我会把事情搞砸。"他大声承认道。

"你当然会！"尤瑟夫笑道，"你当然会搞砸，我们所有人都会。毕竟，你是个人，不是机器。但如果这种可能会失败的感觉让你提不起力气行动，你就应该想想究竟是什么方框在让你想成为一个完人了。"

"你是说，我想成为完人？"

"至少值得一想吧。这种'重视他见'的方框释放的影响力常会令人麻痹。"

卢笑出了声。

"什么那么好笑？"

"我一直告诉自己我绝没有什么'重视他见'的方框，但结果它们却不断地跳出来。"

"大多数人都会在某种程度上用这些基本的方式为自己开脱，"尤瑟夫说，"至少，我知道我自己是这样。"

说到这里，尤瑟夫看了看大家——卢、卡罗尔、伊丽莎白、格温、皮提思、米格尔、瑞亚、特里，还有卡尔。"真舍不得，"他微笑着说道，"我们在一起的时光就快要结束了。非常感谢各位为此付出的时间和努力，你们都勇敢地对生活进行了思索。希望到了最后，你们都能既收获疑惑，又收获启发：疑惑，是因为你们知道方框仅仅只是一个选择，而启发，也是因为方框永远只是一个选择——一个我们随时都可以去改变的选择。"

"在我们分道扬镳之前，我还能再说一件事吗？"他问道。

"请说。"大家都回答道。

"我想跟大家分享一下，为什么我们这个项目要叫摩利亚野营地。"

第二十四章　摩利亚山上的和平

　　"我们之前也提过，"尤瑟夫开始说道，"摩利亚山位于耶路撒冷，上面建有伊斯兰教有名的圆顶清真寺。毫无疑问，这是全世界最受敬畏的宗教圣地。穆斯林认为这是他们最圣洁的朝圣地之一，同时，它也是犹太人和基督教徒心中的古代神庙，甚至对于某些人来说，它也是未来另一座神庙的修建地。全世界的眼睛和心灵都在关注着摩利亚山。

　　"正因如此，这片深受崇敬的土地才会是一种外在的象征，既代表着纷争，也代表着其他的可能。有些人也许会说这是他们的圣地，是专为千禧年 [1] 的到来准备的。其他人则相信它是上帝赏赐给他们的。这些不同的观点似乎很难达成共识。但是，从另一个方面来看，这种充满激情的信仰却也为走向和平提供了一扇门。

1　据《新约·启示录》记载，千禧年到来后基督将再临世间，圣人会复活。

"这么想吧。在方框中思考时，激情、信仰和个人需要似乎使我们分离。但当我们走出方框时，我们都会认识到这种想法并不正确。我们的激情、信仰和需要从不会分离我们，而只会把我们联系起来：正是因为我们都有激情、信仰和需要，我们才能看到和理解他人。如果我们自己也有珍视的信仰，那我们就能明白对于别人来说，他们的信仰有多重要。如果我们有需要，那我们自己的经验也能让我们注意到别人的需要。攀登摩利亚山，就是在登上一座希望之山。至少，如果一个人在攀登时能让自己的灵魂也同样升上一个方框之外的高点，他就是在登上希望之山。在这样的一个地方，一个人不仅能看到大楼，看到住房，还能看到人。

"现在，那片土地仍然处于分裂之中，但在那片土地上矗立着这样一座充满意义的山，它既象征着分裂，也象征着征服分裂的希望。

"我们的家和工作场合也会让我们分裂。而在每一个这样的地方也都矗立着我们自己的摩利亚——一个象征着我们内心所有的混乱的外部事物。在一个人的家里可能是洗碗的问题，在另一人的家里可能是经济问题，还有可能是管教孩子的问题。在工作上，我们可能会关注自认为应得的头衔、职位或是和水平相称的尊重。我们会开始为这些东西开战，而这场仗打得越久，它们在地图上占据的位置就越大，直到最后我们的家庭和工作都为这样巍然耸立的大山所震动，连氛围都因此而改变。如果你们不相信我说的，可以想想当这个房间里的各位开始为那些不同的摩利亚山开战时，我们的氛围是如何因之而改变的。

"当然，无论是洗碗、经济问题，还是摩利亚山本身，重点其实都不在山上。核心问题永远都埋在这每一件事的下面：我们的心为什么要把这些山变成我们的战场？

"要想解决这些外在的纷争，我们只能先找到解决我们内心的纷争的方法。以色列可以通过关注一些表面的问题 —— 比如经济和国防等 —— 来暂时缓和局势，但这却并不会带来长久的和平。我们在家里和工作中也是如此。"

"但和流血冲突比起来，能暂时缓和也不错。"格温说。

"确实是这样，"尤瑟夫同意道，"但是，咱们还是别自欺欺人了。缓和局势可以带来今天的安稳，但明天，战争仍然在等待着我们。要想彻底地解决我们在工作中、在家里和在真正的战场上遇到的战争，我们必须要先结束我们心里的战争。要结束内心的战争，首先就要先找到我们自己的那个方框之外的地方，而且还要尽量去扩大它。而我们自己也能充当起别人的那个方框之外的地方，帮助他们结束他们内心的战争，就像本帮助我，哈米什帮助阿维，李梅和麦克帮助珍妮，还有你们之间的互相帮助一样。我们开始一起在金字塔中生活，这也是为什么我们今天的感受会比昨天早上和平那么多。"

大家都互相看了看彼此。

"朋友们，"尤瑟夫说，"阿维、我还有我们整个团队都向你们保证，我们会尽全力成为你们孩子心里的那个方框之外的地方。我们会跟着他们脱掉鞋，希望能借此创造一个新的空间，让他们能够以全新的视角来审视自己的生活，让他们能够向好的方向做出改变。我们也希望你们能这么做，无论这对你们来说意味着什么。"

卢期盼着那一天，60 个日夜后的那一天，和他的儿子再次见面的那一天 —— 他希望那时自己还能记住学过的东西，还能记住脱掉鞋。而在此期间，他还有几封信要写。

"如果我的儿子还是在嗑药怎么办？"米格尔问道，"如果这个项目没有治好他呢？"

"那他能拥有你这样的父亲就太幸运了，米格尔，因为你会努力去爱他，始终如一。"

"但我不想他继续嗑药！"

"当然不想。这也是为什么你不会不去帮他，无论代价是什么，哪怕他并不想要你帮他。"

"别误会，"尤瑟夫补充道，"虽然我们尽了力，但我们仍会发现有一些战争是不可避免的。我们身边的一些人仍然会选择开战。希望我们在身处这样的境遇中时，仍能记住我们从萨拉丁身上学到的东西：虽然有些仗我们必须要打，但我们可以选择以一颗和平的内心来对待它们。

　　"希望我们还能记住更深层次的东西：你、我还有这整个世界都在期盼的外部的和平，更多的是取决于我们内心建立的和平，而不是我们在外部寻找的任何其他东西。"

　　"这应该更让我们充满希望，"他说道，"这就意味着，无论一件事看起来有多让人灰心绝望，让一切开始的内心的和平，永远都只是一个选择，一个你们每个人都已经开始进行的选择。如果我们能在面对偷了我们东西的孩子时，面对错待我们的伴侣时，甚至是夺走了我们父亲生命的醉鬼时，都能够找到通往和平的道路，"他说着，看了看格温，"那还有哪座高山是我们人类的心灵不能征服的呢？"

　　说到这里，尤瑟夫停了下来。他感激地环视了一圈，说："谢谢你们到这里来。谢谢你们把你们的孩子交给我们。谢谢你们把你们自己交给我们。还要谢谢你们把自己交给对方。虽然过去的两天里我们在这个房间中也经历了分歧，但我们已经学会了视彼此为人，而这让一切都改变了，不是吗？"

卢、卡罗尔、伊丽莎白、皮提思、格温、瑞亚、米格尔、卡尔、特里，还有阿维，全都点了点头。

"看看其他人，"尤瑟夫鼓励道，"这个房间里的每个人都是一个真正的人。你们在野外的孩子也是，你们的敌人也是，无论这敌人是真实的，还是想象的。

"希望你们都能足够诚实和勇敢，做到我们在家里、工作上和社会中最需要的一件事：把所有人都视作人 —— 尤其是在别人给了你不这么做的理由时。"

图书在版编目（CIP）数据

化解我们内心的冲突 / 美国亚宾泽协会著；秦沛译
. -- 北京：九州出版社, 2020.12
　　ISBN 978-7-5108-9783-2

　　Ⅰ.①化… Ⅱ.①美… ②秦… Ⅲ.①心理交往－通
俗读物 Ⅳ.①C912.11-49

中国版本图书馆CIP数据核字(2020)第221469号

The Anatomy of Peace

Copyright © 2006, 2008, 2015 Arbinger Properties, LLC.

First published by Berrett-Koehler Publishers, Inc., Oackland, CA, USA.

All rights reserved.

著作权合同登记号：01-2021-0066

化解我们内心的冲突

作　　者	美国亚宾泽协会　著　秦　沛　译	
责任编辑	周　春	
封面设计	墨白空间·曾艺豪	
出版发行	九州出版社	
地　　址	北京市西城区阜外大街甲35号（100037）	
发行电话	（010）68992190/3/5/6	
网　　址	www.jiuzhoupress.com	
电子信箱	jiuzhou@jiuzhoupress.com	
印　　刷	北京汇林印务有限公司	
开　　本	889毫米×1194毫米　　32开	
印　　张	9.5	
字　　数	156千字	
版　　次	2021年6月第1版	
印　　次	2021年6月第1次印刷	
书　　号	ISBN 978-7-5108-9783-2	
定　　价	58.00元	